Franz Zweybrück
Bismarck und Österreich

Reihe *Deutsches Reich – Schriften und Diskurse*
Reichskanzler, Bd. I/VI

Übertragung von Fraktur in Antiqua

Herausgegeben von Björn Bedey
Mit einem Vorwort von Sebastian Liedtke

SEVERUS

Zweybrück, Franz: Bismarck und Österreich.
Übertragung von Fraktur in Antiqua.
Hamburg, SEVERUS Verlag 2012

Reihe Deutsches Reich – Schriften und Diskurse
Reichskanzler, Bd. I/VI
Herausgeber: Björn Bedey
Mit einem Vorwort von Sebastian Liedtke

ISBN: 978-3-86347-217-7
Druck: SEVERUS Verlag, Hamburg 2012
Lektorat: Sebastian Liedtke

Der SEVERUS Verlag ist ein Imprint der Diplomica Verlag GmbH.

Bibliografische Information der Deutschen Nationalbibliothek:
Die Deutsche Nationalbibliothek verzeichnet diese Publikation in der Deutschen Nationalbibliografie; detaillierte bibliografische Daten sind im Internet über http://dnb.d-nb.de abrufbar.

© **SEVERUS Verlag**
http://www.severus-verlag.de, Hamburg 2012
Printed in Germany
Alle Rechte vorbehalten.

Der SEVERUS Verlag übernimmt keine juristische Verantwortung oder irgendeine Haftung für evtl. fehlerhafte Angaben und deren Folgen.

SEVERUS

Vorwort

zur Reihe *Deutsches Reich – Schriften und Diskurse*

Verehrter Leser,

aus der politisch-historischen Perspektive betrachtet, bezeichnet das Deutsche Reich den deutschen Nationalstaat in den Jahren von 1871 bis 1945. In dieser Zeitspanne von 74 Jahren – dem Lebensalter eines Menschen entsprechend – entwickelte sich der erste einheitliche Nationalstaat aller Deutschen von einer Monarchie (dem Deutschen Kaiserreich von 1871 bis 1918) über eine pluralistische, gemischt präsidial-parlamentarische Demokratie (der Weimarer Republik von 1919 bis 1933) bis hin zu einer totalitären Diktatur (der nationalsozialistischen Herrschaft von 1933 bis 1945). Das Deutsche Reich hatte in diesem Zeitraum zwei Weltkriege zu verantworten.

Die politischen sowie persönlichen Erfahrungen und Handlungen der Deutschen in der Zeit des Deutschen Reiches waren und sind die historische Bürde, aber auch das historische Fundament der von den Siegermächten des zweiten Weltkriegs 1949 gegründeten Bundesrepublik Deutschland. Auch für die seit 1990 bestehende Berliner Republik wirkt das Deutsche Reich immer noch nach und bestimmt auch die politischen Handlungsoptionen nachhaltig. Für das Verständnis unserer politischen Gegenwart und die Abwägung der Handlungsoptionen für die Zukunft ist die Kenntnis dieser Grundlagen unerlässlich.

Zeitzeugen aus dem Deutschen Kaiserreich und auch aus der Weimarer Republik leben nicht mehr. In wenigen Jahren werden auch die persönlichen Berichte aus der Zeit der Diktatur der Nationalsozialisten nur noch als audiovisuelle Aufzeichnung verfügbar sein.

Wer waren jedoch die entscheidenden Köpfe in dieser Zeit? Was bewegte die Herrschenden und die Opposition? Wie kam es zu den Entwicklungen? Diesen Fragen widmet sich diese Buchreihe, in der

Schriften aus der Zeit des Deutschen Reiches wieder verlegt und damit der Nachwelt für das authentische Quellenstudium zugänglich gemacht werden.

Gerade in unserem, dem sogenannten digitalen Zeitalter, ist die Gefahr der Vernichtung und vor allem der Verfälschung von Quellen so groß wie bisher in keiner anderen Phase der Neuzeit. Die Bibliotheken sind gezwungen, mit immer geringeren Budgets zu haushalten und können den Interessierten nur noch selten den Zugang zu den Schriftstücken im Original gewähren. Die Anzahl antiquarischer Bücher sinkt stetig aufgrund des altersbedingten Verfalls, der unvermeidbaren Zerstörung durch Unfälle und Naturkatastrophen sowie des Abhandenkommens durch Diebstahl. Viele Titel verschwinden zudem in den Regalen von Sammlern und sind für die Allgemeinheit nicht mehr zugänglich. Das Internet mit seinem vermeintlich unbegrenzten Zugriff auf Informationen stellt sich immer mehr als die große Bedrohung für Überlieferungen aus der Vergangenheit heraus. Die Bezugsquellen der digitalen Daten sind nicht nachhaltig, die Authentizität der Inhalte nicht gewährleistet und deren Überprüfbarkeit längst unmöglich. Die Digitalisierung von Bibliotheksbeständen erfolgt meist automatisiert und erfasst die Schriften häufig lückenhaft und in schlechter Qualität. Die digitalen Speichermedien wie Magnetplatten, Magnetbänder oder optische Speicher haben im Gegensatz zu Papier nur einen sehr kurzen Nutzungszeitraum.

In der vorliegenden Reihe *Deutsches Reich – Schriften und Diskurse* werden authentische Schriften und Reden der Reichskanzler, begleitende Texte Parlamentsabgeordneter und Ideologen der Parteien, sowie allgemeine politisch-historische Abhandlungen verlegt.

Björn Bedey
Herausgeber der Reihe *Deutsches Reich – Schriften und Diskurse*

Vorwort

zu vorliegendem Werk

Im Jahre 1853 charakterisierte der damalige preußische Gesandte beim Bundestag in Frankfurt, Otto von Bismarck, das Verhältnis zu Österreich mit den folgenden Worten: „Für beide ist kein Platz nach den Ansprüchen, die Österreich macht, also können wir uns auf die Dauer nicht vertragen. Wir atmen einer dem anderen die Luft von dem Munde fort, einer muss weichen oder von dem anderen »gewichen« werden, bis dahin müssen wir Gegner sein."[1] Im Jahr 1890 und damit annähernd vier Jahrzehnte Realpolitik später, klingt es folgendermaßen, wenn der nunmehr aus dem Amt als Reichskanzler ausgeschiedene Bismarck im Rückblick über Österreich spricht: „Wir müssen und können der österreichisch-ungarischen Monarchie das Bündnis ehrlich halten; es entspricht unsern Interessen, den historischen Traditionen Deutschlands und der öffentlichen Meinung unseres Volkes [...] Wir dürfen Österreich nicht verlassen."[2]

Diese beiden Zitate, beide von Otto Eduard Leopold von Bismarck-Schönhausen geäußert, zeigen die ambivalente Sicht des Eisernen Kanzlers auf das Nachbarland. Es liegen etwa 40 Jahre zwischen beiden Aussprüchen, eine enorme Zeitspanne in der Politik. Das Verhältnis der beiden Länder hatte sich von Grund auf gewandelt, weg von der feindlichen Sicht auf den schärfsten Konkurrenten im Deutschen Bund auf der anderen Seite der Alpen, hin zum freundschaftlichen und auf Kooperation ausgelegten Ton.

Im Laufe seiner jahrzehntelangen politischen Karriere als preußischer Außenminister und Ministerpräsident sowie später als mächtig-

---

[1] Aus: Brief an Ludwig Friedrich Leopold von Gerlach 19./20. XII. 1853, in: Bismarck, Die gesammelten Werke ..., Bd. 14/1, hg. von Wolfgang Windelband und Werner Frauendienst, Berlin 1933, S. 334; zitiert nach Hagen Schultze in: Handbuch der preußischen Geschichte Band II (1992).
[2] Aus: Bismarck, Gedanken und Erinnerungen, Bd. 2. Stuttgart und Berlin, 1898.

ster Politiker und Regierungschef im Deutschen Kaiserreich, hatten sich Bismarcks Ansichten zu Österreich grundlegend geändert. Vor der Reichsgründung 1871 galt es, Preußen an der Spitze der deutschen Staaten zu positionieren und dies zu Lasten Österreichs zu erreichen, dem großen Konkurrenten im Deutschen Bund. Nach dem gewonnen Krieg gegen Österreich 1866 und vor allem nach der Gründung des neuen deutschen Nationalstaates in seiner kleindeutschen Ausprägung, also ohne Österreich, war dafür Sorge zu tragen, dass das Deutsche Reich Bestand haben würde, was in seiner Mittellage, eingekeilt zwischen den potentiell feindlichen Großmächten Russland, Österreich und vor allem dem Erbfeind Frankreich nicht einfach zu bewerkstelligen schien.

Zu Beginn der 1860er Jahre war Bismarck als frisch designierter Ministerpräsident von Preußen, des stärksten deutschen Staates, noch davon überzeugt gewesen, dass im Deutschen Bund kein Platz für zwei aufstrebende konkurrierende Großmächte Platz sei und damit der Einfluss Österreichs zurückgedrängt werden müsse.

Als gewiefter Diplomat war ihm früh klar gewesen, dass es ein sehr schmaler diplomatischer Grat sein würde, eigene territoriale Zugewinne auf Kosten Österreichs zu erreichen, ohne dass man in einen Zweifrontenkrieg mit anderen europäischen Großmächte geraten würde, die es um jeden Preis zu verhindern galt. Eine Rückendeckung bewerkstelligte er, in dem er sich 1863 durch die Unterstützung der russischen Politik näher an das Zarenreich band. Dieses durfte bei der Unterdrückung der aufständischen Polen, die Grenzen zum deutschen Gebiet überschreiten.

Den Deutsch-Dänischen Krieg von 1864 konnte Bismarck mit der Beteiligung Österreichs und der Zustimmung der Großmächte führen und erlangte somit im Frieden von Wien nicht nur den Gewinn Schleswigs und Holsteins für Preußen und Österreich, sondern stärkte auf diese Weise auch die nationalen Kräfte innerhalb des Deutschen Bundes. Nur ein Jahr später wurde in der Gasteiner Konvention festgehalten, dass zukünftig Holstein österreichisch und Schleswig preußisch verwaltet werden sollte.

Das Jahr 1866 brachte schließlich den unaufschiebbaren Ausbruch des Deutschen Krieges zwischen den beiden deutschen Staaten, die um die Vorherrschaft im Deutschen Bund stritten. Nachdem sich Preußen und die Habsburgermonarchie uneinig blieben über die Besatzungsfrage in Bezug auf die Unruheherde Schleswig und Holstein, entstanden große Spannungen, die sich unweigerlich entladen mussten. Preußen unter Bismarck wollte sich Schleswig und Holstein als neue Gebiete einverleiben, um die Vormachtstellung in Norddeutschland zu zementieren. Als Österreich im Juni den Streitgegenstand um die Erbfolge in Schleswig und Holstein dem Deutschen Bundestag in Frankfurt übergeben wollte, um endlich zu einer praktikablen Lösung zu gelangen, wurde dies auf preußischer Seite als Affront wahrgenommen und als Verletzung der Übereinkunft von Gastein gewertet. Daraufhin marschierten Truppen Preußens in Holstein ein und besetzten dieses. Auf den sofortigen Protest und Antrag Österreichs hin sollte das gesamte nichtpreußische Bundesheer mobil gemacht werden gegen den preußischen Aggressor, was von Bayern, Württemberg, Sachsen und Hannover unterstützt wurde. Preußen kündigte umgehend den Bundesvertrag auf und begann seinerseits mit der Mobilmachung seiner Armeen gegen Hannover, Sachsen und Kurhessen, die es dazu aufforderte, sich zusammen gegen Österreich zu verbünden. Als dies jedoch abgelehnt wurde, besetzten preußische Truppen die Gebiete.

Lediglich sechs Wochen später errang das modern ausgestatte und taktisch hervorragend geschulte preußische Heer in der Schlacht von Königgrätz einen triumphalen Sieg – entgegen der vorherigen Ansicht vieler Militärexperten, die einen Sieg Österreichs und des Bundesheeres vorhergesagt hatten. Nun geschah jedoch etwas gänzlich Unerwartetes:

Um die Feindschaft nicht weiter zu vertiefen, ersparte Bismarck dem unterlegenen Österreich größere Gebietsverluste und exorbitante Kriegsentschädigungszahlungen. Dies setzte er gegen den Willen seines Königs Wilhelm I. und dessen Generäle durch, die Wien erobern wollten und harte Bedingungen forderten. Bismarck scheute auch nicht davor zurück, seinen Rücktritt anzukündigen; er vertrat damit die Ansicht, dass man den Gegner aus dem gerade beendeten Krieg schonen und an die eigene Zukunft denken müsse, die mit dann zwei unversöhnlichen Feinden (neben Frankreich eben auch Österreich) ein großes Gefahrenpotential beinhaltet hätte.

Bismarck erhielt sich damit den künftigen österreichischen Bundesgenossen gewogen und ebnete so einen gelungenen Neuanfang im politischen Verhältnis der beiden Staaten.

Im Frieden von Prag stimmte das habsburgisch regierte Wien der Einverleibung Hannovers, Kurhessens, Nassaus und der Stadt Frankfurt in den preußischen Staat zu. Der 1815 gegründete Deutsche Bund hörte damit faktisch auf zu existieren.

Was folgte, war eine Neugestaltung Deutschlands, die Bismarck vehement voranbrachte. Im neuen Norddeutschen Bund vereinigten sich 22 Staaten, darunter das dominierende Preußen mit dem Königreich Sachsen, dem Herzogtum Braunschweig, dem Großherzogtum Hessen und anderen zu einem zunächst militärischen Bündnis, aus dem mit der Zeit der erste föderativ organisierte Bundesstaat hervorging. Der König von Preußen firmierte an der Spitze als erblicher Bundespräsident, ihm zur Seite stand der Bundesrat, der aus entsandten Vertretern der einzelnen Mitgliedsstaaten bestand. Damit war der Norddeutsche Bund Vorgänger des mit dem Sieg im Deutsch-Französischen Krieg 1870/71 wenig später gegründeten Deutschen Kaiserreiches. Die süddeutschen Königreiche Bayern, Württemberg und das Großherzogtum Baden waren zunächst jedoch nicht zum Beitritt zu bewegen. Erst als Frankreich zum Ausgleich für sein neutrales Verhalten im Konflikt Preußens mit Österreich Anspruch auf die Gebiete Rheinhessen und die bayerische Pfalz erhob, schlossen sie mit Preußen ein Schutz- und Trutzbündnis ab und verpflichteten sich damit im Falle eines französischen Angriffes, ihre Heere unter preußischen Oberbefehl zu stellen.

Mit dem Krieg gegen Frankreich 1870/71, aus dem Preußen erneut siegreich hervorging und der in der Gründung des Deutschen Kaiserreiches gipfelte, verschrieb Bismarck seine Außenpolitik zunehmend dem Ziel, die Grenze zum französischen Nachbarn zu festigen.

Erreichen konnte er dies in den Folgejahren, indem er eine auf seinem Konzept von Realpolitik aufbauende Bündnispolitik schmiedete, die nicht nur in ihrer Komplexität ihresgleichen suchen sollte, sondern auch eine stetige und intensivere Kooperation mit dem Kriegsgegner von einst zeitigte. Folge davon war, dass man die bereits 1866 mit dem Erfolg gegen die Habsburger sofort eingeleitete (Wieder-) Annäherung so weit vorantrieb, dass schließlich im „Dreikaiserabkommen" von 1873 zwischen Deutschland, Österreich-Ungarn (seit 1867) und darüber hinaus noch Russland eine erste interstaatliche Einigung gipfeln konnte.

Die drei konservativen Monarchien einigten sich darüber, dass man mittels direkter und persönlicher Verständigung etwaig auftretende Differenzen ausräumen würde, um so den momentan in Europa herrschenden Friedenszustand zu befestigen. Bismarck vermied damit nicht nur die Isolierung Deutschlands, sondern schaffte damit einen weiteren Schritt hin zur Annäherung an die Habsburgermonarchie.

Als „ehrlicher Makler" half Bismarck auf dem Berliner Kongress von 1878, den seit Jahren schwelenden Balkankonflikt einvernehmlich zu lösen und einen Krieg zwischen den dort involvierten Großmächten Russland und Österreich-Ungarn zu verhindern.

Sowohl die k. u. k. Monarchie als auch Russland war darauf bedacht, ihre Einflusssphären vor allem auf Kosten des anderen zu erweitern. Da Deutschland selbst keinerlei territoriale Interessen auf dem Balkan vertrat, erreichte Bismarck mit einer neutralen Politik, dass der Friede gewahrt werden und es zu keinem paneuropäischen Krieg kommen konnte. Russland allerdings, das aus Rücksicht auf Österreich-Ungarn bereits eroberte Gebiete wieder abtreten musste, zeigte sich enttäuscht von Bismarck, hatte es sich nach der eigenen wohlwollenden Haltung in den Konflikten von 1866 und 1870/71 doch größere

Unterstützung seitens Deutschlands erwartet. Es kündigte das Dreikaiserabkommen auf.

Das daraufhin angespannte Deutsch-Russische Verhältnis führte im Jahr 1879 schließlich dazu, dass sich Bismarck mit dem Habsburgerreich auf eine weitere Annäherung verständigte und den geheimen „Zweibund" abschloss; ein defensives Verteidigungsbündnis gegenüber einem russischen Angriff. Beide Vertragspartner verpflichteten sich darin, sich mit ihrer ganzen Militärmacht beizustehen, auch wenn eine dritte Macht mit russischer Unterstützung angreifen sollte; in allen anderen Fällen versicherte man sich der gegenseitigen Neutralität. Eigentlich hatte Bismarck eine umfangreiche wirtschaftliche und politische Allianz angestrebt. Österreich-Ungarn lehnte diese allerdings ab, da es sich in einer solchen Verbindung nicht stark genug repräsentiert gefühlt hätte. Durch den Beitritt Italiens 1882 erweiterte sich der Zweibund sogar zum Dreibund.

Bereits zwei Jahre später ersetzte der „Dreikaiserbund" (1881) die 1873 abgeschlossene Einigung zwischen den drei großen europäischen Monarchien und führte die zwischenzeitliche verstimmte Beziehung wieder in einer geordneten kooperativen Beziehung fort. Das erneut geheim geschlossene Neutralitätsabkommen sicherte den drei Vertragsparteien die wohlwollende Neutralität zu und versprach Unterstützung bei dem Angriff einer vierten Macht.

Die auf drei Jahre angelegte Einigung wurde zwar 1884 noch einmal verlängert; ein erneuter Ausbruch der österreichisch-ungarischen und russischen Rivalität, entfacht durch eine weitere Krise auf dem Balkan („Bulgarische Krise" 1885/86), machte die Verlängerung des Abkommens darüber hinaus jedoch nicht mehr möglich.

Nachdem im Jahre 1888 der junge Wilhelm II. zum neuen Kaiser des deutschen Reiches aufgestiegen war, verschob sich der Fokus der deutschen Politik weg von Europa, hin zur Weltpolitik. Der neue Kaiser, der nach Weltgeltung gierte und Deutschland wie die anderen Großen in Europa zur überlegenen Kolonialmacht aufsteigen sehen wollte, sorgte dafür, dass Bismarck aus dem aktiven Politikerleben ausschied und nicht länger für die Geschicke Deutschlands als Reichskanzler verantwortlich zeichnete.

Da mit Bismarck auch sein tiefes Verständnis für das fragile Gleichgewicht innerhalb des europäischen Konzertes der Großmächte verloren ging, wurde mit der Zeit auch Bismarcks erfolgreiche Bündnispolitik fallen gelassen.

Bismarck hatte es nach der Reichsgründung annähernd zwei Jahrzehnte geschafft, das von den anderen Großmächten geographisch umringte Deutschland in ein diffiziles

Bündnisgeflecht einzubinden und auf diese Weise jeglichem Angriff zuvorzukommen. Ohne ihn verschlechterte sich nicht nur stetig die Beziehung zu Russland. Mit dem Drang nach Kolonien und der Flottenrüstungspolitik schafften es seine Nachfolger gleichermaßen, Großbritannien gegen sich aufzubringen. Dieses sah in Deutschland nicht nur den größten wirtschaftlichen Konkurrenten auf dem Weltmarkt, sondern empfand das Wettrüsten als eine mehr als ernstzunehmende Bedrohung für die eigene Stellung als Weltmacht zur See.

Schließlich stand Frankreich, das Bismarck erfolgreich isoliert hatte und das ohnehin nach der Niederlage von 1870/71 auf Revanche hoffte, bereit für ein anti-deutsches Bündnis. Ein solches entstand 1892 mit einer von Russland und Frankreich abgeschlossenen Militärkonvention. Im Jahr 1904 sollte es mit der „Entente cordiale" zwischen Großbritannien und Frankreich zu einem Interessenausgleich der beiden Rivalen kommen, die ihre kolonialen Streitigkeiten miteinander beseitigten; drei Jahre später wurde diese sogar mit der Erweiterung um Russland zur „Tripleentente" zu einem gegen Deutschland gerichteten Block ausgebaut.

Das Ergebnis von anderthalb Jahrzehnten deutsche Außenpolitik ohne Otto von Bismarck war, dass das Deutsche Kaiserreich von miteinander verbündeten Großmächten eingekreist war, wie er es als Verantwortlicher stets zu vermeiden versucht hatte.

Von der Situation überfordert, sah die deutsche Führung den einzigen Ausweg darin, sich noch intensiver und näher an die letzte verbliebene Nation zu binden, die schon Bismarck als Partner eingeführt hatte: Österreich-Ungarn. Daher stützte es 1908 erneut die Habsburgermonarchie um jeden Preis bei einer Krise auf dem Balkan, dieses Mal in Bosnien. Durch den inneren Verfall des Osmanischen Reiches erklärte Bulgarien seine Unabhängigkeit und Österreich-Ungarn gliederte die osmanischen Provinzen Bosnien und Herzegowina in sein Vielvölkerreich ein. Serbien protestierte daraufhin gegen die österreichische Balkanpolitik, die von Deutschland gestützt wurde und wurde in den folgenden Jahren unter russischem Schutz zu dessen erbitterten Feind.

Das Pulverfass Balkan, auf dem sich direkt und mittels Verbündeten auch indirekt alle Großmächte feindlich gegenüberstanden, hatte sich zu einem brandgefährlichen Krisenherd entwickelt. Als am 28. Juni 1914 der österreichische Thronfolger Erzherzog Franz Ferdinand in der bosnischen Hauptstadt Sarajewo einem tödlichen Attentat zum Opfer fiel, daraufhin Österreich-Ungarn Serbien den Krieg erklärte, griff die Bündnispflicht.

Russland machte seine Truppen mobil, um Serbien beizustehen. Das Deutsche Kaiserreich erklärte erst Russland den Krieg, um der k. u. k. Monarchie beizustehen, später ebenso dem mit Russland verbündeten Frankreich.

Der Große Krieg, die Urkatastrophe Europas begann und sollte mehr als vier lange Jahre andauern.

In seinem 1915 erschienen Werk „Bismarck und Österreich" reiht der österreichische Herausgeber Franz Zweybrück Auszüge aus den Reden Bismarcks und seine persönlichen, unter anderem an seine Frau gerichteten, Briefe aneinander und rundet dies mit den Betrachtungen aus Bismarcks Autobiographie „Gedanken und Erinnerungen"[3] ab. Auf diese Weise entsteht ein ausgefeiltes Psychogramm des ersten Reichskanzlers und dessen Ansicht der Realpolitik, stets in Bezug auf die

---

[3] Erscheint ebenfalls in dieser Reihe

Nachbarnation. Als Leser entdeckt man, wie große politische Ereignisse Menschen und Staaten beeinflussen, sich gegenseitig bedingen und ändern können.

Bismarck wurde über Jahrzehnte an der Spitze des preußischen Staates und als Reichskanzler Deutschlands vom Österreich-Gegner zum Freund des schärfsten Konkurrenten im Deutschen Bund zum „Brudervolk".

Die vorliegende Ausgabe bietet nun die Möglichkeit, wieder Zugang zu haben zu dem Text der Originalausgabe, neu herausgegeben und in moderne Schrift übertragen.

Sebastian Liedtke
Sebastian Liedtke studierte Neuere, Neueste und Zeitgeschichte an der Universität Bremen und arbeitet derzeit als Lektor für den Severus Verlag.

Inhalt

Einleitung 19
An die „Magdeburgische Ztg." 20. April 48. 29
Rede im preußischen Landtag 30
Brief an Albert v. Arnstedt 31
Einführungsschreiben des Königs Friedrich Wilhelm IV. an Kaiser
Franz Joseph vom 5. Juni 1852 31
Aus: „Gedanken und Erinnerungen" 33
Aus: „Fürst Bismarcks Briefe an seine Braut 34
und Gattin" 34
Aus : „Bismarcks Briefe an General Leopold v. Gerlach" 49
Rede im Preußischen Landtag am 22. Januar 1864 52
Aus: „Fürst Bismarcks Briefe an seine Braut und 53
Gattin" 53
„Bismarck und Rechberg" 55
Graf Otto von Bray-Steinburg 56
H. Poschinger 56
Heinrich Friedjung 57
Arthur Graf Seherr Thosz 66
Poschinger, Tischgespräche 67
Aus der Rede im Preußischen Landtag 9. Dezember 1868 ...68
Eine Äußerung Bismarcks zu Maurus Jokai 1874 68
Poschinger, Parlamentarier 69
Das parlamentarische Diner am 1. Dezember 1876 beim Fürsten
Bismarck 69
Poschinger, Parlamentarier 71
Deutscher Reichstag. Sitzung vom 19. Februar 1878 71

Anhang zu den „Gedanken und Erinnerungen" von Otto Fürst Bismarck. Aus Bismarcks Briefwechsel. 1901 72
Aus: „Gedanken und Erinnerungen" I. Band 73
„Fürstentag" 73
Aus: „Gedanken und Erinnerungen" II. Band 73
Aus: „Gedanken und Erinnerungen" II. Band 87
„Der Norddeutsche Bund'" 87
Erinnerungen an Bismarck von Mitarbeitern und 87
Freunden. K. A. v. Müller 87
Erinnerungen an Bismarck. Aufzeichnungen von Mitarbeitern und Freunden. Dr. E. Kohen 90
Aus einer Reichstagsrede gehalten am 14. Juni 1882 91
Aus den Reichstagsreden von 1886–87 92
11. Januar 1887 92
Die Reichstagsrede vom 6. Februar 1888 94
Gespräch des Fürsten Bismarck mit einem Herausgeber der „Neuen Freien Presse" 1892 104
20. Juni 1892. Ansprache Bismarcks an eine Abordnung eines Gesangvereins, die ihn begrüßte 110
Erwiderung Bismarcks auf den Trinkspruch des Grafen Geza Andrássy am 21. Juni 1892 112
Förster – Bahr 113
Zu einer Abordnung aus Graz 7. April 1895 115
Zu den Deutschen Steiermarks 15. April 1895 115

Einleitung

In diesen Blättern sind Äußerungen des preußischen Staatsmannes zusammengetragen, der den Kampf um die Vorherrschaft in Deutschland vorbereitet und siegreich durchgeführt hat, des deutschen Kanzlers, der acht Jahre nach der Gründung des neuen Reiches das Bündnis mit Österreich-Ungarn abgeschlossen hat. Die eigentliche Reihe beginnt mit dem ersten amtlichen Aufenthalt Bismarcks in Wien 1852, also bald nach den Tagen von Olmütz, und reicht über den Ausgang seines Waltens hinaus. Der Leser soll von ihm selbst erfahren, wie er über Österreich gedacht und empfunden, wie er dessen Bedeutung aufgefaßt hat. Manch ernste Erkenntnis ist daraus zu entnehmen, manch charakteristischer Zug. Wir lernen das Werden des gewaltigen Politikers verstehen, der der deutschen Nation die sehnsüchtigen Träume verwirklicht hat, die sie seit einem halben Jahrhundert gehegt. Wir hören von seinen Erwägungen in den Jahren, da er auf der Höhe seines Wirkens über die Sicherheit des von ihm geschaffenen Werkes wachte. Stets hat er sich dabei mit Österreich auseinandersetzen müssen, und darum hat er auf unsere Monarchie während der vier Jahrzehnte seines Waltens als leitender Staatsmann bestimmend eingewirkt. Manch herbe Erinnerung wird die Durchsicht der Aufzeichnungen bei dem reiferen Geschlechte in Österreich wachrufen, manch schmerzhaften Eindruck bei der bewundernden Jugend. Die Hand, die wir gerne freundschaftlich gedrückt hätten, erhob sich gegen uns zu Vernichtung drohendem Schlage, selten nur traf uns ein warmgütiger Blick aus den wunderbaren Augen, zumeist schauten sie mit kühlem Mißtrauen zu uns hin. Doch wie überall verlangt auch hier die volle Wahrheit ihr strenges Recht, und sie ist es, die dann auch gerne eine ausgleichende Erkenntnis bereithält; hier manch sonnige Episode und zuletzt die zuversichtliche Mahnung an hohe Aufgaben, die unserem Staate gesetzt sind. In den Zeiten, da Fürst Felix Schwarzenberg mit seiner rücksichtslos kühnen Stoßpolitik wichtige Erfolge errang, hat Otto v. Bismarck, der gefürchtetste unter den Junkern des preußischen Landtags, zu Frankfurt seine erste Stellung angetreten. Friedrich Wilhelm IV. hatte sich ihn als Preußens Vertreter am Bundestage erwählt, ihn, dessen wilde Herausforderungen der Liberalen selbst das Erstaunen, ja den Schrecken seiner konservativen Parteigänger erregt hatten. Man wußte am Berliner Hofe, daß der kaum dreiunddreißigjährige Deichhauptmann von Schönhausen es gewagt hatte, seinem Könige Vorwürfe wegen dessen Zurückweichen in den Märztagen 1848 zu machen. Man erzählte sich auch, daß der König darauf gelegentlich der Neubildung des Ministeriums den Namen Bismarcks, weil er „nach Blut rieche" zurückgewiesen habe. Trotzdem zählte der junge Abgeordnete zu dem intimen politischen Kreise am Hofe, und er war es auch gewesen, der den Mut gefunden hatte, in der kritischen Stunde, da die Olmützer Verhandlungen im Landtage besprochen wurden, für die Regierung einzutreten. Seine damaligen Ausführungen entsprachen sichtlich der Auffassung Friedrich Wilhelms IV. Niemals vergaß dieser König den Tag, da Königin Luise ihren Erstgeborenen „mit der Uniform bekleidete und ihn ermahnte, die unglücklichen österreichischen Brüder zu rächen". Niemals wollte er von dem Testament seines Vaters abweichen, das die Allianz der Ostmächte als unantastbaren Grundsatz aufstellte. Ein Wort des Staatskanzlers Hardenberg ist maßgebend für die Auffassung, die der preußische Hof in der vormärzlichen Zeit über sein Verhältnis zu Wien festgehalten hat: „Die Welt sollte nicht einmal ahnen, daß ein Zerwürfnis zwischen beiden Mächten möglich sei." Sicherlich hat auch damals Bismarck Preußens Zurückweichen in Olmütz für ein nur allzu sichtbares Eingeständnis der Schwäche angesehen. Preußen vergab sich aber nicht zuviel, wenn es dem Wunsche des allgewaltigen Zaren Nikolaus, des Schwagers seines königlichen Herrn, und der Großmacht Österreich nachgab, denn damit wahrte es wenigstens den Zusammenhalt der konservativen Mächte gegenüber der Revolution und jenem parlamentarischen Radikalismus, der im Berliner Landtag die unumschränkte Autorität der Regierung und der Macht der Krone anfocht. Er hätte es für ein leichtfertiges Beginnen gehalten, wenn Preußen jetzt ohne sicheren Rückhalt seine Sache mit dem Schwerte hätte ausfechten wollen und damit vor allem das Verhältnis zu Rußland gefährdet hätte. Selbst in den höchsten Hofkreisen erregte die Rede Bismarcks, mit der er dem Ministerium zu Hilfe eilte, Erstaunen und Befremden. Von einem Politiker, der stets seinen Preußenstolz betont hatte, war die Verteidigung der Olmützer Abmachungen nicht zu erwarten gewesen. Doch bald erwies es sich, wie irrig von dieser parlamentarischen Hilfsaktion auf die Auffassung Bismarcks geschlossen wurde. Dieser neue Gesandte am Bundestage wußte die Gefährdung der Machtstellung Preußens in Deutschland durch das konsequente Vorgehen Schwarzenbergs richtig einzuschätzen und ihr zu begegnen. Damals begann er seinen Kampf gegen Österreich. Alle Tradition deutscher Geschichte sprach für eine Vormachtstellung der Habsburger Dynastie in deutschen Landen. Auch der romantische Sinn Friedrich Wilhelms IV. hatte diese stets mit hochgestimmten Worten anerkannt. Der junge Diplomat, den er jetzt nach Frankfurt gesandt, erkannte sofort den schwachen Punkt für Preußens Stellung, und er vermied es beharrlich, auf irgendeine Äußerung allgemeiner deutscher Interessen einzugehen. Er verschanzte sich in seiner Stellung als Vertreter der preußischen Macht, der keine anderen Gesichtspunkte zu berücksichtigen habe. Die Stärkung Preußens als Großmacht war sein erstes Postulat. Sein Königshaus durfte ganz im Sinne der friderizianischen Anschauung keine andere als eine preußische Politik treiben. Und da gewahrte er zu Frankfurt mit Genugtuung, wie nachhaltig stark sich eine gemeinsame Institution erwies, die die deutschen Kleinstaaten mit Preußen verband. Der deutsche Zollverein gewährte einen solchen wirtschaftlichen Vorteil, gegen die alle preußenfeindliche Gesinnung, die an den kleinen Höfen bestehen mochte, nicht aufkommen durfte. Dies hatte auch Schwarzenberg erkannt, und seine ganze Energie setzte er daran, die norddeutsche Großmacht auch aus dieser Stellung herauszudrängen. Mit Eifer betrieb er am Bundestag den Vorschlag, auch die Ordnung der handelspolitischen Fragen zu Bundesangelegenheiten zu machen; damit wäre der bisherige Zollverein erledigt gewesen und der österreichischen Monarchie ihre Einbeziehung in das deutsche Zollgebiet möglich geworden. Doch hier traf der sieggewohnte Felix Schwarzenberg auf einen grundsätzlichen Widerstand. Draußen im Reiche erschrak der Kaufmann, der Fabrikant, der kleinstaatliche Beamte vor der Idee eines siebzig Millionen zahlenden Zollgebietes, das bis an die untere Donau reichen sollte. Ein Zeitungskrieg, der in Süddeutschland darüber ausbrach, wurde von Bismarck trefflich für Preußen ausgenutzt. Da starb Schwarzenberg. Wenige Monate später sandte Friedrich Wilhelm IV. Bismarck nach Wien, gleichsam auf die hohe Schule der Diplomatie. Er brachte das Angebot eines preußischen Handelsvertrages mit, das der Donaumonarchie für den Verzicht auf den Eintritt in den Zollverein eine Entschädigung bieten sollte. Denn Bismarck hat schon damals in seinen Anfängen die Möglichkeit einer Verständigung als letztes Auskunftsmittel, wenn alle Angriffspläne fehlschlagen sollten, sich bereit gehalten. Für ihn ist Österreich der natürliche Gegner der preußischen Großmachtstellung in Deutschland. Er muß mit allen Mitteln bekämpft, geschwächt, ja in seiner Stellung als deutsche Großmacht vernichtet werden. Es gilt, alle verwundbaren Stellen seines politischen Systems aufzuspüren und dort ihm Verlegenheiten zu bereiten. Es gilt, Österreichs Gegner zu beobachten, sie zu bestärken, um sich im rechten Augenblick mit ihnen zu verständigen. Doch dies alles kann ohne Erfolg bleiben und günstige Umstände dem Gegner zu Hilfe kommen. Preußen darf sich auf das Wagnis eines Angriffskrieges nur dann einlassen, wenn gründliche Berechnung den Erfolg verbürgt. Da ist es nun gut, im schlimmsten Falle die Möglichkeit eines Vergleiches bereit zu haben. So hat es Bismarck gehalten von jenem Handelsvertrage, den er 1852 nach Wien mitbrachte, bis zu jener letzten Mission des Herrn von Gablenz im Frühjahr 1866.

Der preußische Staatsmann, der mit einer Verteidigung der Ergebnisse von Olmütz beginnen mußte, der in Frankfurt den Höchststand der Schwarzenbergischen Politik antraf, hat also damals Österreich keineswegs mit liebevollen Augen betrachten können. Er wurde sein überzeugter Gegner. Die Briefe an den Generaladjutanten Friedrich Wilhelms IV., General von Gerlach, wohl die wichtigste Quelle für die

Auffassung Bismarcks in den fünfziger Jahren, predigen das schärfste Mißtrauen gegen Österreich. Einzelne Briefe nehmen die Gestalt und Ausdehnung von Denkschriften an. Man gewahrt die Absicht, durch Gerlach zum König selbst zu sprechen und seine Anhänglichkeit an die Idee der Heiligen Allianz zu erschüttern. Ohne Weisung hierzu von Berlin erhalten zu haben, reist er nach Paris, findet Gelegenheit zu vertraulichen Unterhandlungen mit dem dritten Napoleon und erwägt die Möglichkeit eines engen Zusammenschlusses zwischen Preußen, Rußland und dem erneuerten Kaiserreich. Der Bund wurde damals von ihm als die erforderliche große Maschinerie gegen Österreich gedacht. Immer wieder begegnet man den bösen Auslassungen über die Wiener Diplomatie, gegen das herrschende Ministerium und auch abfälligen Äußerungen über den Hof. Mit sichtlichem Vergnügen zeichnet er jeden Klatsch auf, der sich mit dem Privatleben der österreichischen Staatsmänner beschäftigt. Kritiklos überliefert er dem Vertrauten seines Königs den Schmutz des Frankfurter Salon- und Börsengeschwätzes über die Wiener Persönlichkeiten. Nirgends begegnen wir in diesen Berichten, die sich so angelegentlich mit Österreich befassen, einer ernsten Erörterung des neuen Verwaltungssystems, das durch den leider zu früh verstorbenen Stadion begründet worden ist. Bismarck kümmert sich um die Persönlichkeiten, die in Wien Einfluß besitzen, er mag sich über die Armee, vielleicht auch über die Finanzwirtschaft unterrichtet haben, ein Erfassen des staatlichen Charakters, der stillwirkenden Triebkräfte und ihrer Leistungsmöglichkeit liegt ihm gänzlich ferne. Eine Erscheinung, die bis auf unsere jüngste Gegenwart in allen politischen Kreisen Deutschlands leider von uns festgestellt werden muß! Die Gründlichkeit des Urteils, die sonst den Deutschen nachgerühmt wird, fehlt hier, ja sogar auch der Wunsch, zu einem gründlichen Verständnis zu gelangen. Die unzähligen Schwierigkeiten, die sich dem sorgenden Blick eines Staatsmannes in Österreich-Ungarn darbieten, werden leichthin mit einem wohlmeinenden Ratschlag abgetan, der der Sachlichkeit entbehrt, oder mit einem gleichgültiggeringschätzigen Lächeln nur festgestellt. Das Bewußtsein einer trefflichen Verwaltung, die das einst kleine Preußen schon in den Zeiten Friedrich Wilhelms I. zu einem wohlhabenden und starken Staatsgebilde erhoben hat, scheint einen unbefangenen Blick und die Erkenntnis nicht aufkommen zu lassen, daß die durch nationale, wirtschaftliche, konfessionelle und Partei-Bildungen so vielfach durchsetzte Donaumonarchie in ihrer Struktur nicht mit der Gleichförmigkeit norddeutscher Art verglichen werden kann. Seitdem die Gegenreformation und das dreißigjährige Ringen im siebzehnten Jahrhundert Österreich der politischen Betrachtung Deutschlands entfremdet hat, beginnt auch die Kenntnis österreichischer Verhältnisse nachzulassen, zu fehlen. Die Staatsmänner, Gelehrten und Publizisten erscheinen weit besser über Frankreich und England unterrichtet, als über das Staatswesen, in dem der erwählte römisch-deutsche Kaiser regiert. Der großartige Aufschwung deutscher Geschichtsforschung in den ersten Jahrzehnten des vorigen Jahrhunderts kam der wissenschaftlichen Würdigung der neueren österreichischen Geschichte nur in beschränktem Maße zugute. Das herrliche Schaffen des (von Bismarck so geschätzten) Leopold v. Ranke, das uns ein Meisterbuch über Wallenstein schenkte und interessante Charakteristiken Maria Theresiens und Joseph II. darbietet, hat sich nur selten und flüchtig mit der inneren Entwicklung Österreichs befaßt, das er in einer politischen Abhandlung zu den „Mächten des Beharrens" rechnet. Die preußische Historiographie in der zweiten Hälfte des neunzehnten Jahrhunderts steht mit Ausnahme der Welfischen Parteidarstellung stramm im Dienste der preußischen Idee. Kalt, lieblos, feindselig und verzerrt werden die österreichischen Dinge behandelt. Österreich hatte jetzt für Vergangenes zu büßen, für die Verwüstungen der Gegenreformation, für die dürre Mechanik der Metternichschen Politik, für den hochmütigen Imperialismus Felix Schwarzenbergs. Selbst in den schönen „Bildern aus der deutschen Vergangenheit" Gustav Freytags suchen wir vergebens eine Schilderung des innerösterreichischen Lebens aus den letzten Jahrhunderten. Nur eine Erscheinung hebt sich von der ganzen Reihe einseitiger preußischer Patrioten ab, allerdings eine der größten, die in Deutschland politisch gewirkt: der Reichsfreiherr vom Stein. Sein großzügiges Denken hat Preußen die herrliche Erneuerung seines Staatswesens gebracht, sein klarer Blick hat auch die Bedeutung der Theresianischen und Josephinischen Regierung zu würdigen verstanden. Wenn wir heute die glänzend geschriebenen, aber von leidenschaftlichem Österreich-Haß erfüllten „historischen und politischen Aufsätze" Heinrich von Treitschkes lesen, begegnen wir derselben Betrachtungsweise, wie sie Bismarck in seinen Briefen an Gerlach und andere liebt. Gegenüber allen Erörterungen der deutschen Frage, die auch österreichische Rechte anerkennen, wird die Notwendigkeit einer ausschließlich preußischen Politik schroff betont.

War es doch in den ersten sechziger Jahren den preußischen Militärkapellen verboten, die beliebte Weise des alten, treuherzigen Frageliedes E. M. Arndts „Was ist des Deutschen Vaterland" zu intonieren!

Das sorgfältig vorbereitete Bündnis mit Italien und die böhmischen Waffenerfolge verwirklichten 1866 den kühnen Traum Bismarcks: Preußen ward die Vormacht Deutschlands. Und jetzt vollzieht sich zur Überraschung, ja auch zum Befremden mancher Gruppen seines Anhangs eine jähe Wendung in seinem Verhältnis zu Österreich. Der preußische Ministerpräsident, der mit der siegreichen Armee durch Böhmen und Mähren dem Mittelpunkte des feindlichen Staates sich näherte, der noch am 10. Juli eine Proklamation an den Straßenecken Prags hatte anschlagen lassen, die dem „glorreichen Königreich Böhmen" die Erfüllung seiner „nationalen Wünsche" verhieß, der Staatsmann, der den ungarischen Revolutionär Klapka eine Legion bilden ließ, nahm gegen seinen König und dessen Generäle eine abwehrende Stellung an und vertrat die Auffassung, daß Österreich keine Gebietsabtretung an Preußen zugemutet werden dürfe. Trotz aller energischen Einwürfe König Wilhelms erklärte er, daß Preußen „kein Richteramt zu walten, sondern deutsche Politik zu treiben habe. Österreichs Rivalitätenkampf gegen Preußen sei nicht strafbarer als der preußische gegen Österreich". Im Hochgefühl des errungenen großartigen Erfolges bewahrte er genügend kaltes Blut, um dem Hohenzollernkönig klarzumachen, wie die Dynastie Österreichs in ihrem Herrschergefühl geschont und wie die Möglichkeit bewahrt werden müsse, später an dem besiegten Staat einen wertvollen Freund zu gewinnen. Nur mit dem Aufgebot seines ganzen Einflusses, sogar mittels der Bitte um seine Entlassung, vermochte Bismarck nach Szenen schwerster Erregung seiner Auffassung zum Siege zu verhelfen. Die Haltung in jenen denkwürdigen Stunden zeigt sein staatsmännisches Genie in seiner Größe. Er setzte in diesem harten Ringen seine eben ins Ungeheuere gesteigerte Autorität ein, seine Machtstellung, die Freundschaft seines Königs, um seinem Staate die Bürgschaft für noch in der Ferne liegende Möglichkeiten zu erhalten.

Mit ruhiger Wachsamkeit hat der Kanzler des Norddeutschen Bundes das vielgeschäftige Walten des aus Dresden nach Wien berufenen Beust verfolgt. Er durfte seinen guten Beziehungen zu den maßgebenden staatsmännischen Persönlichkeiten in Ungarn vertrauen; die Haltung Julius Andrássys während der Kronratssitzungen im Juli 1870 haben seine Zuversicht gerechtfertigt. Und in den Tagen, da die Verhandlungen des Kanzlers mit den süddeutschen Staaten, die an der Seite des Norddeutschen Bundes gegen Frankreich kämpften, wegen der Gründung des neuen Deutschen Reiches ihren Abschluß fanden, richtete Bismarck nach Wien jene denkwürdige Note, die den Wunsch eines freundschaftlichen Verhältnisses zur Habsburgermonarchie aussprach. Schon dem Nachfolger Beusts, Andrássy, sollte es beschieden sein, die guten Beziehungen, die sich jetzt zwischen Wien und Berlin eben herausgebildet hatten, immer inniger und inniger zu gestalten. Mit Unmut und Sorge sah Bismarck die intime Freundschaft zu Rußland, die er trotz mancher brüsken Zumutung der russischen Staatskanzlei mit sichtlicher Vorliebe gepflegt, allmählich unsichere Formen annehmen, er konnte das Zarenreich nicht mehr als einen unerschütterlich sicheren Posten in seiner Rechnung ansetzen. Von Petersburg aus wurde von ihm und seinem Kaiser eine hilfsbereite ergebene Haltung in den Balkanfragen erwartet, die auch bis zur Preisgabe Österreich-Ungarns sich bewähren sollte. Der Kanzler des Deutschen Reiches hielt sich nur die Pflicht vor Augen, für eine Sicherung gegen die französische Revancheidee zu sorgen. 1876 beantwortete er eine Anfrage Gortschakows, welche Haltung das Deutsche Reich im Falle eines Krieges, den Rußland gegen Österreich-Ungarn führen müsse, einnehmen würde, mit der Gegenfrage, ob Rußland für den Besitz Elsaß-Lothringens einzustehen bereit wäre. Er erhielt einen verneinenden Bescheid. Von da ab beobachtete er mit seinem virtuosen Geschick eine sorglich vermittelnde Haltung, die es ihm gestattete, Rußland alle Rücksichten, wie sie sein Kaiser in altgewohnter Freundschaft für die nahverwandte Zarenfamilie wünschte, zu erweisen, andererseits aber den gerechten Ansprüchen Österreich-Ungarns als Balkanmacht zu ihrer Anerkennung zu verhelfen. Und dann trat der harte Zwang an ihn heran, dieses unmöglich gewordene „Makleramt" fallen zu lassen. Der Umschwung am Hofe Alexanders II. gebot dies, mächtiger als alle Familienbeziehungen war daselbst die panslawistische Idee und der mit ihr verbundene Haß gegen alles „Westlingswesen" geworden. Bismarck sah das Schreckgespenst einer russisch-französischen Koalition vor sich aufsteigen, der sich die Donaumonarchie anschließen könnte. Jetzt bot er Andrássy den Abschluß eines festen Bündnisses an. Er mußte den Vertrag seinem Kaiser abringen, der von einem Bruch mit einer so langjährigen Tradition nichts hören wollte. Aber er hat ihn auch sich selbst abgerungen, denn nicht minder wie Kaiser Wilhelm I. hätte er gerne an der Freundschaft zu Rußland festgehalten. Die Sicherheit, mit der zu St. Petersburg der Monarch und seine Minister über das Reich und seine ungeheuren Kräfte verfügen konnten, hatte es ihm angetan. Dazu kam noch der enorme Wert, den Rußland mit seiner Ein- und Ausfuhr für das gesamte norddeutsche Wirtschaftsleben hatte. Ein ganzes System altgewohnter Besitzvorstellungen sah der preußische Staatsmann gefährdet, der den Bund mit Österreich zu schließen unternahm. Dem österreichischen Wesen war er auch seit 1866 nicht viel näher gekommen. Er hatte die loyale Gesinnung des Kaisers Franz Joseph verehren gelernt, er wußte um den Enthusiasmus der deutsch-österreichischen Jugend, aber seine Äußerungen in diesen

Jahren verraten, wie dieses staatsmännische Genie die tief verborgene, die unbewußte Kraft des Donaustaates nicht richtig eingeschätzt hat. Seine kühle Kritik bleibt an der Oberfläche haften. Dazu kam noch, daß er allem katholischen Wesen gegenüber sich fremd, ja abweisend verhielt. Mit Schlagworten, wie „beichtväterliche Einflüsse" ließ sich ein solch weites Gebiet kultureller Tatsachen nicht abtun. Doch froh mutet es uns an, wenn wir gewahren, wie den deutschen Kanzler auf der Reise, die er von Gastein nach Wien zu Kaiser Franz Joseph unternimmt, mit einem Male das warme Gefühl der Stammeszusammengehörigkeit überkommt und wie er sich von den Wogen begeisterter Huldigung tragen läßt.

Er hat korrekt an dem geschlossenen Bündnis festgehalten, aber er hat auch keine Gelegenheit versäumen wollen, nach der Katastrophe Alexanders II. die Möglichkeit des alten vertrauten Verhältnisses zwischen den Kaiserhöfen zu Berlin und Petersburg wiederum erstarken zu lassen. Niemals versäumte er, den nur defensiven Charakter des Bündnisses mit Österreich-Ungarn zu betonen, und in intimem Verkehr äußerte er sich unmutig über die Politik des Grafen Kalnoky, die sich zwar nicht angriffslustig erwies, aber mit ernstem Nachdruck den Besitzstand und die Haltung Österreich-Ungarns gegenüber allem russischen Anbringen im Auge behielt. Vielleicht hat er zuviel von dem starken Willen Alexanders III. und von dem Ansehen, dessen er sich bei diesem Monarchen erfreuen durfte, gehalten. Solange es anging, hat er jedenfalls an eine günstige und vorteilhafte Rückbildung der Beziehungen zu Rußland geglaubt. Diese Auffassung hat auch seinen Sturz überdauert, sie ist wiederholt in Äußerungen und in den von ihm beeinflußten Zeitungsartikeln zum Ausdruck gelangt, die an der Amtsführung seines Nachfolgers scharfe Kritik übten. Doch auch für uns Österreicher hat er in diesen seinen letzten Jahren manch gutes und warmes Wort bereit gehalten. Er durfte sich des Bündnisses rühmen, das er geschaffen und das nun allseitig als eine feste Bürgschaft der Machtstellung des Deutschen Reiches und des Weltfriedens eingeschätzt wurde. Und als am Petersburger Hofe alle die innigen Beziehungen zum Hohenzollernhause zunichte wurden, die der Kanzler so treu gehütet, als der Zar das Haupt des republikanischen Frankreichs als seinen Freund und Verbündeten begrüßte, da erwies sich Bismarcks Werk noch stärker, als er es vielleicht selbst gedacht. So erweist es sich zur Stunde, da diese Zeilen geschrieben werden. Das Blut vieler Tausende hat den Bund der beiden Kaiserreiche, die gegen eine Welt von Feinden im Kampfe stehen, besiegelt. Und die Regimenter Österreich-Ungarns haben sich dauernden Waffenruhm in den Riesenschlachten errungen, in denen sie die Ostgrenze des Deutschen Reiches schützen halfen.

Wien, im Frühjahr 1915.

Fr. Zweybrück.

An die „Magdeburgische Ztg." 20. April 1848

Die Berliner haben die Polen mit ihrem Blute befreit und sie dann eigenhändig im Triumph durch die Stadt gezogen; zum Dank dafür standen die Befreiten bald darauf an der Spitze von Banden, welche die deutschen Einwohner einer preußischen Provinz mit Plünderung und Mord, mit Niedermetzelung und barbarischer Verstümmelung von Weibern und Kindern heimsuchten. So hat deutscher Enthusiasmus wieder einmal zum eignen Schaden fremde Kastanien aus dem Feuer geholt. Ich hätte es erklärlich gefunden, wenn der erste Aufschwung deutscher Kraft und Einheit sich damit Luft gemacht hätte, Frankreich das Elsaß abzufordern und die deutsche Fahne auf den Dom von Straßburg zu pflanzen. Aber es ist mehr als deutsche Gutmütigkeit, wenn wir uns mit der Ritterlichkeit von Romanhelden vor allem dafür begeistern wollen, daß deutschen Staaten das Letzte von dem entzogen werde, was deutsche Waffen im Laufe der Jahrhunderte in Polen und Italien gewonnen hatten. Das will man jubelnd verschenken, der Durchführung einer schwärmerischen Theorie zuliebe, einer Theorie, die uns ebensogut dahin führen muß, aus unsern südöstlichen Grenzbezirken in Steiermark und Illyrien ein neues Slawenreich zu bilden, das italienische Tirol den Venezianern zurückzugeben und aus Mähren und Böhmen bis in die Mitte Deutschlands ein von letzterem unabhängiges Tschechenreich zu gründen.

Rede im preußischen Landtag

Sitzung vom 3. Dezember 1850.
…Ich suche die preußische Ehre darin, daß Preußen vor allem sich von jeder schmachvollen Verbindung mit der Demokratie entfernt halte, daß Preußen in der vorliegenden, wie in allen anderen Fragen nicht zugebe, daß in Deutschland etwas geschehe ohne Preußens Einwilligung, daß dasjenige, was Preußen und Österreich nach gemeinschaftlicher unabhängiger Erwägung für vernünftig und politisch richtig halten, durch die beiden gleichberechtigten Schutzmächte Deutschlands gemeinschaftlich ausgeführt werde ... Wenn ich vorher von dieser Tribüne Österreich als Ausland und, wenn ich nicht irre, als verwegenes Ausland habe bezeichnen hören, so möchte ich fragen, mit welchem Rechte Sie behaupten, daß Hessen und Holstein uns nicht für Ausland gelte, wenn Sie Österreich als Ausland behandeln, das mit demselben Rechte zu Deutschland gehört…Es ist eine seltsame Bescheidenheit, daß man sich nicht entschließen kann, Österreich für eine deutsche Macht zu halten. Ich kann in nichts anderem den Grund hiervon suchen, als daß Österreich das Glück hat, fremde Volksstämme zu beherrschen, welche in alter Zeit durch deutsche Massen unterworfen wurden. Ich kann aber daraus nicht schließen, daß, weil Slowaken und Ruthenen unter der Herrschaft Österreichs stehen, diese die Repräsentanten des Staates und die Deutschen eine bloße beiläufige Zugabe des slawischen Österreichs seien; sondern ich erkenne in Österreich den Repräsentanten und Erben einer alten deutschen Macht, die oft und glorreich das deutsche Schwert geführt hat…

Brief an Albert v. Arnstedt

Frankfurt, 3. Februar 1852.
…Hier gehen die Sachen schlecht; die Österreicher führen eine Fähnrichspolitik; Schwarzenberg scheint sich sein Verhältnis zu uns etwa so zu denken, wie das eines leicht angetrunkenen Junkers vom Reg. Garde du Corps zu einem Nachtwächter, dessen äußersten Zorn man schließlich mit einiger bonhommie und zwei Taler bar besänftigt. Solange dieser arrogante Windbeutel an der Spitze von Österreich steht, laufen wir stets Gefahr, in die Stellung von 1850 zurückzufallen, wenn auch mit besserem Recht auf unsrer Seite als damals…

Einführungsschreiben des Königs Friedrich Wilhelm IV. an Kaiser Franz Joseph vom 5. Juni 1852

„Eure Kaiserliche Majestät wollen es mir gütig gestatten, daß ich den Überbringer dieses Blattes mit einigen eigenhändigen Schriftzügen an Ihrem Hoflager introduziere. Es ist der Herr von Bismarck-Schönhausen. Er gehört einem Rittergeschlecht an, welches, länger als mein Haus in unsern Marken seßhaft, von jeher und besonders in ihm seine alten Tugenden bewährt hat. Die Erhaltung und Stärkung der erfreulichen Zustände unsres platten Landes verdanken wir mit seinem furchtlosen und energischen Mühen in den bösen Tagen der jüngst verflossenen Jahre. Ew. Majestät wissen, daß Herr von Bismarck die Stellung meines Bundesgesandten bekleidet. Da jetzt der Gesundheitszustand meines Gesandten an Ew. Majestät kaiserlichem Hofe, des Grafen von Arnim, dessen zeitweilige Abwesenheit nötig gemacht hat, das Verhältnis unsrer Höfe aber eine subalterne Vertretung nicht zuläßt (meiner Auffassung zufolge), so habe ich Herrn von Bismarck ausersehen, die Vices für Graf Arnim während dessen Abwesenheit zu versehen. Es ist mir ein befriedigender Gedanke, daß Ew. Majestät einen Mann kennen lernen, der bei uns im Lande wegen seines ritterlichfreien Gehorsams und seiner Unversöhnlichkeit gegen die Revolution bis in ihre Wurzeln hinein von vielen verehrt, von manchen gehaßt wird. Er ist mein Freund und treuer Diener und kommt mit dem frischen lebendigen sympathischen Eindruck meiner Grundsätze, meiner Handlungsweise, meines Willens, und ich setze hinzu meiner Liebe zu Österreich und zu Ew. Majestät nach Wien. Er kann, wenn es der Mühe wert gefunden wird, Ew. Majestät und Ihren höchsten Räten über viele Gegenstände Rede und Antwort geben, wie es wohl wenige imstande sind; denn wenn nicht unerhörte, langvorbereitete Mißverständnisse zu tief eingewurzelt sind, was Gott in Gnaden verhüte, kann die kurze Zeit seiner Amtsführung in Wien wahrhaft segensreich werden. Herr von Bismarck kommt aus Frankfurt, wo das, was die rheinbundschwangeren Mittelstaaten mit Entzücken die Differenzen Österreichs und Preußens nennen, jederzeit seinen stärksten Widerhall und oft seine Quelle gehabt hat, und er hat diese Dinge und das Treiben daselbst mit scharfem und richtigem Blick betrachtet. Ich habe ihm befohlen, jede darauf gerichtete Frage Ew. Majestät und Ihrer Minister so zu beantworten, als hätte ich sie selbst an ihn gerichtet. Sollte es Ew. Majestät gefallen, von ihm Aufklärung über meine Auffassung und meine Behandlung der Zollvereins-Angelegenheit zu verlangen, so lebe ich in der Gewißheit, daß mein Betragen in diesen Dingen, wenn auch vielleicht nicht das Glück Ihres Beifalls, doch sicher Ihrer Achtung erringen wird. Die Anwesenheit des teuren herrlichen Kaisers Nikolaus ist mir eine wahre Herzstärkung gewesen. Die gewisse Bestätigung meiner alten und starken Hoffnung, daß Ew. Majestät und ich vollkommen einig in der Wahrheit sind: daß unsre dreifache, unerschütterliche, gläubige und tatkräftige Eintracht allein Europa und das unartige und doch so geliebte Teutsche Vaterland aus der jetzigen Krise retten könne, erfüllt mich mit Dank gegen Gott und steigert meine alte treue Liebe zu Ew. Majestät. Bewahren auch Sie, mein teuerster Freund, mir Ihre Liebe aus den fabelhaften Tagen von Tegernsee, und stärken Sie Ihr Vertrauen und Ihre so wichtige und so mächtige, dem gemeinsamen Vaterlande so unentbehrliche Freundschaft zu mir! Dieser Freundschaft empfehle ich mich aus der Tiefe meines Herzens, allerteuerster Freund, als Ew. Kaiserlichen Majestät treu und innigst ergebenster Onkel, Bruder und Freund."

Aus: „Gedanken und Erinnerungen"

Ich fand in Wien das „einsilbige" Ministerium Buol, Bach, Bruck usw., keine Preußenfreunde, aber liebenswürdig für mich, in dem Glauben an meine Empfänglichkeit für hohes Wohlwollen und meine Gegenleistung dafür auf geschäftlichem Gebiete. Ich wurde äußerlich ehrenvoller, als ich erwarten konnte, aufgenommen; aber geschäftlich, d.h. bezüglich der Zollsachen, blieb meine Mission erfolglos. Österreich hatte schon damals die Zolleinigung mit uns im Auge, und ich hielt es weder damals noch später für ratsam, diesem Streben entgegenzukommen. Zu den notwendigen Unterlagen einer Zollgemeinschaft gehört ein gewisser Grad von Gleichartigkeit des Verbrauchs; schon die Unterschiede der Interessen innerhalb des deutschen Zollvereins zwischen Nord und Süd, Ost und West sind schwer und nur mit dem guten Willen zu überwinden, der der nationalen Zusammengehörigkeit entspringt; zwischen Ungarn und Galizien einerseits und dem Zollverein andrerseits ist die Verschiedenheit des Verbrauchs zollpflichtiger Waren zu stark, um eine Zollgemeinschaft durchführbar erscheinen zulassen. Der Verteilungsmaßstab für die Zollverträge würde stets für Deutschland nachteilig bleiben, auch wenn die Ziffern es für Österreich zu sein schienen. Letztres lebt in Cis- und mehr noch in Trans-Leithanien vorwiegend von eignen, nicht von importierten Erzeugnissen. Außerdem hatte ich damals allgemein und habe ich auch heut noch sporadisch nicht das nötige Vertrauen zu undeutschen Unterbeamten im Osten ...

Die Genesung des Grafen Arnim gestattete mir, meinem Wiener Aufenthalte ein Ende zu machen, und vereitelte einstweilen die Absicht des Königs, mich zum Nachfolger Arnims zu ernennen. Aber auch wenn diese Genesung nicht eingetreten wäre, würde ich den dortigen Posten nicht gern übernommen haben, weil ich schon damals das Gefühl hatte, durch mein Auftreten in Frankfurt persona ingrata in Wien geworden zu sein. Ich hatte die Befürchtung, daß man dort fortfahren würde, mich als gegnerisches Element zu behandeln, mir den Dienst zu erschweren und mich am Berliner Hofe zu diskreditieren, was durch Hofkorrespondenz, wenn ich in Wien fungierte, noch leichter gewesen wäre, als über Frankfurt.

Aus späterer Zeit sind mir Unterredungen erinnerlich, welche ich auf langen Eisenbahnfahrten unter vier Augen mit dem Könige über Wien hatte. Ich nahm dann die Stellung, zu sagen: „Wenn Eure Majestät befehlen, so gehe ich dahin, aber freiwillig nicht, ich habe mir die Abneigung des österreichischen Hofes in Frankfurt im Dienste Eurer Majestät zugezogen, und ich werde das Gefühl haben, meinen Gegnern ausgeliefert zu sein, wenn ich Gesandter in Wien werden sollte. Jede Regierung kann jeden Gesandten, der bei ihr beglaubigt ist, mit Leichtigkeit schädigen und durch Mittel, wie sie die österreichische Politik in Deutschland anwendet, seine Stellung verderben." Die Erwiderung des Königs pflegte zu sein: „Befehlen will ich nicht, Sie sollen freiwillig hingehn und mich darum bitten; es ist das eine hohe Schule für Ihre diplomatische Ausbildung, und Sie sollten mir dankbar sein, wenn ich diese Ausbildung, weil es bei Ihnen der Mühe lohnt, übernehme."

Aus: „Fürst Bismarcks Briefe an seine Braut und Gattin"

Wien, 11. 6. 52.

Mein Liebchen „'s g'fallt mer hier goar net," wie Schrenck sagt, obschon es so nett war Anno 47, mit Dir, aber nicht bloß Du fehlst mir, sondern ich finde mich hier überflüssig, und das ist schlimmer, als ich Deinem unpolitischen Gemüt verständlich machen kann. Wenn ich wie damals nur zum Vergnügen hier wäre, so könnte ich nicht klagen; alle, die ich bisher kennen gelernt habe, sind bemerkenswert liebenswürdig, und die Stadt ist zwar heiß und engstraßig, aber bleibt doch eine ausgesseuchnete Stadt. Im Geschäft dagegen herrscht große Flauheit; die Leute haben entweder nicht das Bedürfnis, sich mit uns zu arrangieren, oder setzen es bei uns in höherm Grade voraus, als es vorhanden ist. Ich fürchte, die Gelegenheit der Verständigung geht ungenützt vorüber, das wird bei uns einen bösen Rückschlag üben, denn man glaubt einen sehr versöhnlichen Schritt durch meine Sendung getan zu haben, und sie werden sobald nicht wieder einen herschicken, der so geneigt ist, sich zu verständigen, und dabei so freie Hand hat wie ich. Verzeih, daß ich Dir Politik schreibe, aber wessen das Herz voll ist etc.; ich trockne ganz aus geistig in diesem Getriebe und fürchte, ich bekomme noch einmal Geschmack daran. Ich komme eben aus der Oper, mit old Westmoreland; Don Giovanni, von einer guten italienischen Truppe, bei der ich die Miserabilität des Frankfurter Theaters doppelt empfand. Gestern war ich in Schönbrunn und gedachte an unsre abenteuerliche Mondschein-Expedition beim Anblick der himmelhohen Hecken und der weißen Statuen in den grünen Nischen, besah mir auch das heimliche Gärtchen, in das wir zuerst gerieten, was sehr verbotner Grund ist, so daß die Jägerschildwach, die schon damals dort stand, sogar das Hineinsehn verbietet...

Wien, 14. 6. 52.

Mein geliebtes Herz. Von Rechts wegen sollte ich mich in dieser Stunde hinsetzen und einen langen Bericht an S. Majestät schreiben, über eine lange und fruchtlose Verhandlung, die ich heut mit Grf. Buol gehabt habe, und über eine Audienz bei der Erzherzogin Mutter des Kaisers. Aber ich habe eben eine Promenade auf dem hohen Wall, rund um die innre Stadt gemacht, und einen reizenden Sonnenuntergang hinter dem Leopoldsberg dabei gesehen und bin nun vielmehr aufgelegt, an Dich zu denken, als an Geschäfte. Ich stand lange auf dem roten Turm-Tor, von wo man in Jägerzeil hineinsieht und nach unserm damaligen Domizil, dem Lamm, mit dem Kaffeehaus davor; bei der Erzherzogin war ich in einem Zimmer, welches auf das heimliche Gärtchen stößt, in das wir damals verstohlen und unvorsichtig eindrangen; gestern hörte ich Lucia, italienisch, sehr gut; alles das macht mir die Sehnsucht nach Dir so rege, daß ich ganz traurig und untüchtig bin. Es ist doch schauderhaft, so allein in der Welt zu sein, wenn man es nicht mehr gewohnt ist; mir wird ganz Lynarig zumute. Nichts als Visiten und fremde Menschen kennen lernen, mit denen ich immer wieder dasselbe spreche. Daß ich noch nicht lange hier bin, weiß jeder, aber ob ich früher schon einmal hier gewesen bin, das ist die große Frage, die ich 200mal in diesen Tagen beantwortet habe, und glücklich, daß man das Thema wenigstens noch hat. Für vergnügungssüchtige Leute mag es recht nett hier sein, denn alles, was den Menschen äußerlich zerstreuen kann, ist da. Ich sehne mich aber nach Frankfurt, als ob es Kniephof wäre, und will durchaus nicht hierher. Grade da, wo die Sonne unterging, über den Mannhartsberg fort, muß F. liegen, und als sie hier versank, schien sie bei Dir noch über eine halbe Stunde lang. Es ist schrecklich weit. Wie anders war es hier mit Dir, mein Herz, und mit Salzburg und Meran in Aussicht; ich bin schrecklich alt seitdem geworden. Der Kaiser ist nach Kecskemet und an die Grenze von Siebenbürgen gereist; den 23. wird er wieder in Pest erwartet, dann werde ich wohl hinfahren, ihm meine Kreditive überreichen und gleichzeitig um die Erlaubnis bitten, abzureisen, was einigermaßen überraschen wird. Bis dahin werde ich wohl aushalten müssen und mich von Tage zu Tage mehr bangen. Es ist recht hart, daß wir so viele Zeit unsres kurzen Lebens getrennt verbringen müssen; die ist dann verloren und nicht wiederzubringen. Gott allein weiß, warum er andre, die sich recht wohl fühlen, wenn sie nicht beieinander sind, zusammenläßt, wie einen bejahrten Freund, der mit mir bis Dresden reiste, die ganze Zeit mit seiner Gattin in einem Coupé sitzen mußte und nicht rauchen durfte; und wir müssen immer korrespondieren aus weiter Ferne. Wir wollen alles nachholen und uns noch viel mehr lieben, wenn wir wieder beieinander sind; wenn wir nur gesund bleiben, dann will ich auch nicht murren. Heut hatte ich die große Freude, Deinen Brief vom vorigen Donnerstag über Berlin zu erhalten; das ist der zweite, seit ich von F. fort bin; verloren ist doch keiner? Ich war recht froh und dankbar, daß Ihr alle wohl seid. Old Westmoreland ist noch der netteste für mich hier; er besucht mich alle Tage und schwärmt noch immer für Berlin; auch die Meyendorff ist sehr freundlich, und ich will nicht undankbar sein, alle die Lori und Peppi und Jugerl und Wirerl (das sind nämlich lauter Damen) verbinden Liebenswürdigkeit mit Vornehmheit und Schönheit, so daß jeder vernünftige Mensch und besonders Th. Stolberg, wenn er hier wäre, seine Freude daran hätte, aber ich bin homesick nach unserm Häuschen und allem, was darin ist. Morgen will ich, wenn ich mit Schreiben fertig werde, ganz einsam nach Laxenburg; auch Baden werde ich besuchen, die almachtige hoge Rotzen wiedersehn, und nach Gloggnitz fahren, dann nach Ungarn zum Kaiser, dann, so Gott will, nach Olmütz, Breslau, Berlin, Halle, Eisenach; ich werde ausgelassen sein, wenn ich erst wieder auf der alten langweiligen Thüringer Bahn bin, und noch mehr, wenn ich von Bockenheim aus unser Licht erblicke; 196½ Meilen muß ich bis dahin rollen, 50 Meilen von Pest hierher zurück ungerechnet. Wie gern will ich sie fahren, wenn ich nur erst im Wagen sitze. Meine Reise über München werde ich wohl aufgeben; es ist eine Postfahrt von 50 Stunden von hier nach M., zu Wasser noch länger, und ich werde doch in Berlin mündlich Bericht erstatten müssen. Über Politik kann ich glücklicherweise nichts schreiben; denn wenn auch der englische Kurier, der dies bis Berlin bringt, vor der hiesigen Post schützt, so fällt es doch den Tarischen Gaunern in die Hände.

Schreib mir ja über Deine persönlichen Zustände genau Bescheid. Grüße Mutterchen, die Verwandten, wenn sie noch da sind, Leontine, die Kinder, Stolberg, Wentzel und alle übrigen. Leb wohl, mein Engel, Gott behüte Dich. Dein treuster   vB.

Wien, 19. 6. 52.

Mein Herz, ich freue mich, daß unsre Lieben glücklich bei Dir eingetroffen sind, und wurde ganz melancholisch darüber, daß ich hier in der Ferne sitzen muß, und zwar jetzt ganz allein. Werthern, der Legationssekretär, ist nach Hause auf Urlaub, Lynar macht eine Exkursion nach Ungarn, von wo er heut oder Morgen abend zurückkehrt. Ihm geht es sonst leidlich wohl hier, neulich habe ich mit ihm eine Kletterpartie auf die Gebirge am Leopoldsberg, hinter Nußdorf, wo wir uns einschifften, gemacht, und im goldigsten Abendduft unsern damaligen Weg die Donau hinauf, nach Kloster-Neuburg betrachtet; es kam grade ein Schiff von Linz, die Austria; wenn ich nicht irre, fuhren wir mit der. Ich hoffe noch immer am 23. den Kaiser in Pest zu sehn, doch weiß ich noch nichts Sichres darüber, er ist jetzt vermutlich auf der Bärenjagd an der Siebenbürger Grenze, heut schreibe ich an Fra, mit der Bitte, mich zu Ende des Monats hier beurlauben zu dürfen; sprich aber nicht davon, sonst macht der Bund am Ende keine Ferien, wenn er hört, daß ich so bald zurückkomme. Dann hoffe ich Gottes Barmherzigkeit ebenso wie bisher preisen zu können, daß Er euch alle dort gesund erhalten hat. Warum denkst Du mit Angst und Weh an die Erscheinung des neuen Kleinen? Ich habe das feste Vertrauen, daß der Herr unsre Gebete erhören und uns nicht trennen wird! und ich hoffe auch Dich davon zu durchdringen, wenn ich nur erst wieder bei Dir bin, mein Liebling. Mir ist die glückliche Ehe und die Kinder, die mir Gott geschenkt hat, wie der Regenbogen, der mir die Bürgschaft der Versöhnung nach der Sündflut von Verwilderung und Liebesmangel gibt, die meine Seele in früheren Jahren bedeckte. Schon wenn ich einsam bin wie hier, tritt der alte trübe und trostlose Geist der Vergangenheit an mich heran, und ich fühle, wie wenig ich reif bin, ein äußerlich ödes Leben zu tragen. Die Gnade Gottes wird meine Seele nicht fahren lassen, die er einmal angerührt hat, und das Band nicht zerschneiden, an dem er mich vorzugsweise gehalten und geleitet hat auf dem glatten Boden d e r Welt, in die ich ohne mein Begehren gestellt bin. Vertraue freudig, mein Liebling, und bete gläubig; ich habe die Gewißheit, daß ich Dich nicht missen kann, noch lange, lange nicht, und deshalb die Zuversicht, daß Gott Dich mir läßt. Sei nicht bloß still und warte, sondern flehe in dringendem Gebet und vertraue auf Christi Verheißung der Erhörung.

Nach Laxenburg bin ich noch immer nicht gekommen, und heut regnet es ohne Aufhören, so daß ich still im Zimmer bleibe und nachher sehr lange Berichte schreiben werde. Nähere Bekanntschaften habe ich hier noch wenig gemacht; zwei sehr liebenswürdige Damen gefallen mir außer der Meyendorff, eine Frstin Schönburg und Frstin Bretzenheim, beide Schwestern des verstorbenen Fürsten Schwarzenberg, von mittlern Jahren schon, und so angenehm in Ton und Unterhaltung, daß ich ein Element der Art wohl für Dich nach F. wünschte. Dann ein sehr netter Siebenbürger Baron Josica, den ich schon von früher kenne, ein Freund von Gerlach und Stahl, und ein älterr Bekannter Grf Platen, Hanöv. Gesandter und Vetter von Malortie; das ist so ziemlich mein Umgang. Die Stadt ist leer und glühend heiß, wenn es nicht regnet; man wohnt dummerweise mitten darin, anstatt am Prater oder aus der Jägerzeil; es gehört einmal zum Ton, und man darf ebensowenig außerhalb der Wälle der Mittelstadt wohnen, als nach dem letzten Mai im Prater oder vor dem 1. Juni in Schönbrunn sein oder in einem andern als einem zugemachten Glaskasten von fiacre fahren, selbst über Land, wenn man in guter Gesellschaft geduldet werden soll...

Ofen, 23. 6. 52.

Mein Liebchen. Soeben komme ich vom Dampfschiff und weiß den Augenblick, der mir bleibt, bis Hildebrand mit meinen Sachen nachfolgt, nicht besser anzuwenden, als indem ich Dir ein kleines Liebeszeichen von dieser sehr östlich gelegenen, aber sehr schönen Stelle schicke. Der Kaiser hat die Gnade gehabt, mir Quartier in seinem Schlosse anzuweisen, und ich sitze hier in einer großen gewölbten Halle am offnen Fenster, zu dem die Abendglocken von Pest hereinläuten. Der Blick hinaus ist reizend. Die Burg liegt hoch, unter mir zuerst die Donau, von der Kettenbrücke überspannt, dahinter Pest, welches Dich an Danzig erinnern würde, und weiterhin die endlose Ebene über Pest hinaus, im blauroten Abendduft verschwimmend. Neben Pest links sehe ich die Donau aufwärts, weit sehr weit; links von mir, d. h. aus dem rechten Ufer, ist sie zuerst von der Stadt Ofen besäumt, dahinter Berge wie die Berici bei Vicenza, blau und blauer, dann braunrot im Abendhimmel, der dahinter glüht. In der Mitte beider Städte liegt der breite Wasserspiegel wie bei Linz, von der Kettenbrücke und einer waldigen Insel unterbrochen. –Es ist auf meiner Öhre ausgesseuchnet; nur Du, mein Engel, fehlst mir, um diese Aussicht mit Dir genießen zu können, dann wäre sie ganz schön. Auch der Weg hierher, wenigstens von Gran bis Pest würde Dich gefreut haben. Denke Dir Odenwald und Taunus nahe aneinandergerückt und den Zwischenraum mit Donauwasser angefüllt, und mitunter, besonders bei Wisserad, etwas Dürrenstein-Agstein. Die Schattenseite der Fahrt war die Sonnenseite; es brannte, als ob Tokaier auf dem Schiffe wachsen sollte, und die Menge der Reisenden war groß; aber denke Dir, nicht ein Engländer, die müssen Ungarn noch nicht entdeckt haben. Übrigens sonderbare Käuze genug, von allen orientalischen und okzidentalischen Nationen, schmierige und gewaschne. Ein recht liebenswürdiger General v. Kudriasky war meine Hauptreisegesellschaft, mit dem ich fast die ganze Zeit über oben auf dem Radkasten gesessen und geraucht habe. Nachgerade werde ich ungeduldig, wo Hildebrand bleibt; ich liege im Fenster halb mondscheinschwärmend, halb auf ihn wartend wie auf die Geliebte, denn mich verlangt nach einem clean shirt. Den 26., höre ich, bricht S. Majestät von hier wieder auf, und ich denke dann mich bald zu beurlauben, so daß ich jedenfalls vor der freudigen Katastrophe bei Dir eintreffe. Lynar will eine Molkenkur, teils in Ischl teils in Baden-Baden gebrauchen; ich kann ihm nicht zureden, mit mir wieder nach Frankfurt zu gehn, denn da wird er wieder ganz hypochonder. Frage doch Thun, wie es mit den Ferien würde, und schreibe mir darüber. Ich wäre jederzeit für Ferien, und für sehr lange. In der Hoffnung, daß ich Anfang Juli noch in Frankfurt anlange, wäre es mir recht lieb, wenn die Ferien erst zum 1. August anfingen, es treibt mich dann von Berlin aus noch schneller nach Frankfurt, wenn ich Sitzungen statt ehelicher Sehnsucht vorgeben kann. Wärst Du doch einen Augenblick hier und könntest jetzt auf die mattsilberne Donau, die dunkeln Berge, aus blaßrotem Grund und auf die Lichter sehn, die unten aus Pest heraufscheinen; Wien würde sehr bei Dir im Preise sinken gegen Buda-Pescht, wie der Ungar sagt. Du siehst, ich bin nicht nur ein verliebter, sondern auch Naturschwärmer. Jetzt werde ich mein erregtes Blut mit einer Tasse Tee sänftigen, nachdem Hildebrand wirklich eingetroffen ist, und dann bald zu Bett gehn und von Dir träumen, mein Lieb. Vorige Nacht wurden es nur vier Stunden Schlaf, und der Hof ist schauerlich matinös hier, der junge Herr selbst steht schon um fünf Uhr auf, da würde ich also ein schlechter Höfling sein, wenn ich sehr viel länger schlafen wollte. Daher, mit einem Seitenblick auf eine riesenhafte Teekanne und einen verführerischen Teller mit Kaltem in Gelee, unter andern Zunge, wie ich sehe, sage ich Dir gute Nacht aus weiter Ferne. Wo habe ich denn das Lied her, was mir heut den ganzen Tag im Sinne liegt: over the blue mountain, over the white sea-foam, come, thou beloved one, come to thy lonely home! Ich weiß nicht, wer mir das einmal vorgesungen haben muß, in auld land syne. Mögen Gottes Engel Euch behüten, heut wie bisher.

Dein treuster vB.

Den 24. Nachdem ich sehr gut, obschon auf einem Keilkopfkissen geschlafen habe, sage ich Dir guten Morgen, mein Herz. Die ganze Landschaft vor mir schwimmt in so heller brennender Sonne, daß ich gar nicht hinaussehn kann ungeblendet. Bis ich meine Besuche beginne, sitze ich hier einsam frühstückend und rauchend in einem sehr geräumigen Lokal, 4 Zimmer, alles dick gewölbt, 2 etwa so wie unsre Tafelstube in der Dimension, dicke Wände wie in Schönhausen, riesenhafte Nußbaumschränke, blauseidne Möbel, auf der Diele eine Profusion von ellengroßen schwarzen Flecken, die eine erhitztere Phantasie als meine für Blut ansehen könnte, ich aber décidément für Tinte erkläre; eine unglaublich ungeschickte Schreiberseele muß hier gehaust oder ein andrer Luther wiederholentlich große Tintfässer gegen die Widersacher geschleudert haben. Ein sehr freundlicher alter Diener in hellgelber Livree teilt sich mit Hildebrand ins Geschäft und meldet mir eben, daß Wagen und Pferde nach Belieben zu meiner Disposition ständen; überhaupt sind sie sehr liebenswürdig; das Dampfschiff fuhr gestern, dem Vertreter des Königs zu Ehren unter großer preußischer Flagge, und dank dem Telegraphen wartete Kais. Equipage am Landungsplatz auf mich ... Unten treiben auf langen Holzflößen die sonderbarsten braunen, breithutigen und weithosigen Gestalten die Donau entlang. Es tut mir leid, daß ich nicht Zeichner bin; diese wilden Gesichter, schnurrbärtig, langhaarig, mit den aufgeregten schwarzen Augen und der lumpig malerischen Draperie, die an ihnen hängt, hätte ich Dir gerne vorgeführt, wie sie gestern den Tag über mir unter die Augen kamen. Nun muß ich ein Ende machen und Besuche. Ich weiß nicht, wann Du diese Zeilen erhältst; vielleicht schicke ich morgen oder übermorgen einen Feldjäger nach Berlin, der sie mitnehmen kann. Leb wohl, mein Herz, Gott segne Dich und unsre gegenwärtigen und zukünftigen Kinder.

Dein treuster vB.

Abends. Noch habe ich keine Gelegenheit gefunden, dies abzusenden. Wieder scheinen die Lichter aus Pest herauf, am Horizont nach der Theiß zu blitzt es, über uns ist es sternklar. Ich habe heute viel Uniform getragen, in feierlicher Audienz dem jungen Herrscher dieses Landes meine Kreditive überreicht und einen sehr wohltuenden Eindruck von ihm erhalten. 20jähriges Feuer mit besonnener Ruhe gepaart. Er kann sehr gewinnend sein, das habe ich gesehn, ob er es immer will, weiß ich nicht, er hat es auch nicht nötig. Jedenfalls ist er für dieses Land grade, was es braucht, und mehr als das für die Ruhe der Nachbarn, wenn ihm Gott nicht ein friedliebendes Herz gibt. Dann habe ich eine hübsche und liebliche Erzherzogin, geb. Prinzessin von Bayern, kennen gelernt. Nach der Tafel wurde vom ganzen Hofe eine Exkursion ins Gebirge gemacht, nach einem romantischen Punkt, „zur schönen Schäferin", die aber lange tot ist, der König Mathias Corvinus liebte sie vor vielen 100 Jahren. Man sieht von da über waldige, neckarufer-artige Berge auf Ofen, dessen Burg und die Ebene. Ein Volksfest hatte Tausende hinaufgeführt, die den Kaiser, der sich unter sie mischte, mit tobenden éljen (evviva) umdrängten, Csardas tanzten, walzten, sangen, musizierten, in die Bäume kletterten und den Hof drängten. Auf einem Rasenabhang war ein Souper-Tisch von etwa 20 Personen, nur auf einer Seite besetzt, die andre für die Aussicht auf Wald, Berg, Stadt und Land frei gelassen, über uns hohe Buchen mit kletternden Ungarn in den Zweigen, hinter uns dicht gedrängtes und drängendes Volk in nächster Nähe, weiterhin Hörnermusik mit Gesang wechselnd, wilde Zigeunermelodien. Beleuchtung, Mondschein und Abendrot, dazwischen Fackeln durch den Wald; das Ganze konnte ungeändert als große Effektszene in einer romantischen Oper figurieren. Neben mir saß der weißhaarige Erzbischof von Gran, Primas von Ungarn, im schwarzseidenen Talar mit rotem Überwurf, auf der andern Seite ein sehr liebenswürdiger eleganter Kavallerie-General, Fürst Liechtenstein. Du siehst, das Gemälde war reich an Kontrasten. Dann fuhren wir unter Fackel-Eskorte im Mondschein nach Hause, und während ich die Abend-Zigarre rauche, schreibe ich noch an mein Liebchen und lasse das Aktenwesen bis morgen. Sage Frau von Prints, ihr Bruder wäre ein sehr liebenswürdiger Mann, wie das nach den beiden Schwestern, die ich kännte, nicht anders zu erwarten war, aber in Verhandlungen erstaunlich zähe. Mein Führer bei der heutigen Expedition war ein Sohn des Prager Fürsten Windischgrätz, dessen Frau, die Mutter dieses hiesigen, wie Du Dich erinnern wirst, bei dem Aufstand von 48 ermordet wurde und zu dem Thaddens wahlfahrteten. Der Sohn ist Adjutant des Kaisers. Eben erhielt ich eine telegraphische Depesche aus Berlin; sie enthielt nur vier Buchstaben, „nein". Ein inhaltsschweres Wort. Ich habe mir heut erzählen lassen, wie dieses Schloß vor drei Jahren von den Insurgenten gestürmt wurde, wobei der brave General Hentzi und die ganze Besatzung nach einer bewundernswert tapferen Verteidigung niedergehauen wurden. Die schwarzen Flecken auf meiner Diele sind zum Teil Brandflecken, und wo ich Dir schreibe, tanzten damals die platzenden Granaten und schlug man sich schließlich auf rauchendem Schutt. Erst vor wenig Wochen ist dies zur Herkunft des Kaisers wieder instand gesetzt worden. Jetzt ist es recht still und behaglich hier oben, ich höre nur das Ticken einer Wanduhr und fernes Wagenrollen von unten herauf. Zum zweitenmal wünsche ich Dir von dieser Stelle eine gute Nacht in die Ferne. Mögen Engel bei Dir wachen, bei mir tuts ein bärenmütziger Grenadier, von dessen Bajonett ich 6 Zoll auf 2 Armeslängen von mir über den Fensterrand ragen und mein Licht widerspiegeln sehe. Er steht auf der Terrasse über der Donau und denkt vielleicht auch an seine Nanne.

Szolnok, 27. 6. 52.

In den vorhandenen Atlanten wirst Du eine Karte von Ungarn finden, auf dieser einen Fluß Theiß, und, wenn Du den über Szegedin hinauf nach der Quelle suchst, einen Ort Szolnok, von dem Dein Liebster Dir schreibt. Ich bin gestern mit Eisenbahn von Pest nach Alberti-Irsa gefahren, wo ein junger Fürst Windischgrätz in Quartier liegt, der mit einer Prinzessin von Mecklenburg, Nichte unseres Königs, verheiratet ist. Dieser machte ich meine Aufwartung, um der Großherzogin, Ihrer Mutter, Nachricht von ihrem Ergehn bringen zu können. Der Ort liegt am Rande der ungrischen Steppen zwischen Donau und Theiß, welche ich mir spaßeshalber ansehn wollte. Man ließ mich nicht ohne Eskorte reisen, da die Gegend durch berittene Räuberbanden, hier Petyaren genannt, unsicher gemacht wird. Nach einem komfortablen Frühstück unter dem Schatten einer schönhausigen Linde, bestieg ich einen sehr niedrigen Leiternwagen mit Strohsäcken und drei Steppenpferden davor, die Ulanen luden ihre Karabiner, saßen auf, und fort gings im sausenden Galopp. Hildebrand und ein ungrischer Lohndiener auf dem Vordersack und als Kutscher ein dunkelbrauner Bauer mit Schnurrbart, breitrandigem Hut, langen, speckglänzenden schwarzen Haaren, einem Hemd, das über dem Magen aufhört und einen handbreiten dunkelbraunen Gurt eigner Haut sichtbar läßt, bis die weißen Hosen anfangen, von denen jedes Bein weit genug zu einem Weiberrock ist und die bis an die Knie reichen, wo die bespornten Stiefel anfangen. Denke Dir festen Rasengrund, eben wie der Tisch, auf dem man bis an den Horizont meilenweit nichts sieht als die hohen kahlen Bäume der für die halbwilden Pferde und Ochsen gegrabnen Ziehbrunnen (Püttschwengel). Tausende von weißbraunen Ochsen mit armlangen Hörnern, flüchtig wie Wild, von zottigen unansehnlichen Pferden, gehütet von berittnen halbnackten Hirten mit lanzenartigen Stöcken, unendliche Schweineherden, unter denen jederzeit ein Esel, der den Pelz (bunda) des Hirten trägt und gelegentlich ihn selbst, dann große Scharen von Trappen, Hasen, hamsterartige Zeisel, gelegentlich an einem Weiher mit salzhaltigem Wasser wilde Gänse, Enten, Kiebitze, waren die Gegenstände, die an uns und wir an ihnen vorüberflogen, während der drei Stunden, die wir auf sieben Meilen bis Kecskemet fuhren, mit etwas Aufenthalt in einer Csarda (einsames Wirtshaus). Kecskemet ist ein Dorf, dessen Straßen, wenn man keinen Bewohner sieht, an das Kleine-Ende von Schönhausen erinnern, nur hat es 45 000 Einwohner, lauter Bauern, ungepflasterte Straßen, niedrige, orientalisch gegen die Sonne geschloßne Häuser mit großen Viehhöfen. Ein fremder Gesandter war da eine so ungewöhnliche Erscheinung, und mein magyarischer Diener ließ die Exzellenz so rasseln, daß man mir sofort eine Ehrenwache gab, die Behörden sich bei mir meldeten und Vorspann für mich requiriert wurde. Ich brachte den Abend mit einem liebenswürdigen Offizierkorps zu, die darauf bestanden, daß ich auch ferner Eskorte mitnehmen müsse, und mir eine Menge Räubergeschichten erzählten. Grade in der Gegend, nach der ich reiste, sollen die übelsten Raubnester liegen, an der Theiß, wo die Sümpfe und Wüsten ihre Ausrottung fast unmöglich machen. Sie sind vortrefflich beritten und bewaffnet, dies Petyaren, überfallen in Banden von 15 und 20 die Reisenden und die Höfe und sind am andern Tage 20 Meilen davon. Gegen anständige Leute sind sie höflich. Ich hatte den größten Teil meiner Barschaft und die nette Knarr-Uhr bei Fürst Windischgrätz gelassen, nur etwas Wäsche bei mir, und hatte eigentlich etwas Kitzel, diese Räuber zu Pferde, in großen Pelzen, mit Doppelflinten in der Hand und Pistolen im Gurt, deren Anführer schwarze Masken tragen und dem angeseßnen Landadel angehören sollen, näher kennen zu lernen. Vor einigen Tagen waren mehre Gendarmen im Gefecht mit ihnen geblieben, dafür aber 2

Räuber gefangen und im Kecskemet standrechtlich erschossen worden. Dergleichen erlebt man in unsern langweiligen Gegenden gar nicht. Um die Zeit, wo Du heut morgen aufwachtest, hast Du schwerlich gedacht, daß ich in dem Augenblick in Cumanien in der Gegend von Felegy-haza und Csongrad mit Hildebrand im gestreckten Galopp über die Pußta (Steppe) flog, einen liebenswürdigen sonnenverbrannten Ulanenoffizier neben mir, jeder die geladnen Pistolen vor sich im Heu liegend, und ein Kommando Ulanen, die gespannten Karabiner in der Faust, hinterherjagend. Drei schnelle Pferdchen zogen uns, die unweigerlich Rosa (sprich Ruscha), Esillag (Stern) und der nebenlaufende Petyar (Vagabund) heißen, von dem Kutscher ununterbrochen bei Namen und in bittendem Ton angeredet werden, bis er den Peitschenstiel quer über den Kopf hält und mega, mega (halt an) ruft, dann verwandelt sich der Galopp in sausende Karriere. Ein sehr wohltuendes Gefühl. Die Räuber ließen sich nicht sehn; wie mir mein netter brauner Leutnant sagte, würden sie schon vor Tagesanbruch gewußt haben, daß ich unter Bedeckung reise, gewiß aber seien welche von ihnen unter den würdig aussehenden stattlichen Bauern, die uns auf den Stationen aus den gestickten, bis zur Erde gehenden Schafpelzmänteln ohne Ärmel ernsthaft betrachteten und mit einem ehrenfesten istem adiamek (Gelobt sei Gott) begrüßten. Die Sonnenhitze war glühend den ganzen Tag, ich bin im Gesicht wie ein Krebs so rot. Ich habe 18 Meilen in 12 Stunden gemacht, wobei noch 2 bis 3 Stunden, wenn nicht mehr auf Umspannen und Warten zu rechnen sind, da die 12 Pferde, die ich brauchte, für uns und die Bedeckung erst gefangen werden mußten. Dabei waren vielleicht ein Drittel des Weges tiefster Mahlsand und Dünen, wie bei Stolpmünde. Um fünf kam ich hier an, wo ein buntes Gewühl von Ungarn, Slowaken, Wlachen die Straßen (Sz. ist ein Dorf, von etwa 6 000 Einwohnern, aber Eisenbahn- und Dampfschiffstation an der Theiß) belebt und mir die wildesten und verrücktesten Zigeunermelodien ins Zimmer schallen. Dazwischen fingen sie durch die Nase mit weit aufgerissenem Munde, in kranker klagender Molldissonanz Geschichten von schwarzen Augen und von tapferm Tod eines

Räubers, in Tönen, die an den Wind erinnern, wenn er im Schornstein lettische Lieder heult. Die Weiber sind im ganzen gutgewachsen, aber von Gesicht, bis auf einige ausgezeichnet schöne, nicht hübsch, alle haben pechschwarzes Haar, nach hinten in Zöpfe geflochten, mit roten Bändern darin. Die Frauen entweder lebhaft grünrote Tücher oder rotsamtene Häubchen mit Gold auf dem Kopf, ein sehr schön gelbes seidnes Tuch um Schulter und Brust, schwarze, auch urblaue kurze Röcke und rote Saffianstiefel, die bis unter das Kleid gehn, lebhafte Farben, meist ein gelbliches Braun im Gesicht und große brennend schwarze Augen. Im ganzen gewährt so ein Trupp Weiber ein Farbenspiel, das Dir gefallen würde, jede Farbe am Anzug so energisch, wie sie sein kann. Ich habe nach meiner Ankunft um fünf, in Erwartung des Diners, in der Theiß geschwommen, Csardas tanzen sehn, bedauert, daß ich nicht zeichnen konnte, um die fabelhaften Gestalten für Dich zu Papier zu bringen, dann Paprika-Hähndel, Stürl (Fisch) und Tick gegessen, viel Ungar getrunken, an Nanne geschrieben, und will nun zu Bett gehn, wenn die Zigeunermusik mich schlafen läßt. Gute Nacht, mein Engel.

Istem adiamek

Pest. 28. Wieder sehe ich das Ofner Gebirge, diesmal von der Pester Seite, von untenher. Aus der Ebene, die ich eben verlassen habe, sah man nur an einigen Stellen und bei sehr klarer Luft in 12 bis 15 Meilen Entfernung blaue Karpathenumrisse schimmern. Südlich und östlich blieb die Ebene unabsehbar und geht in erster Richtung bis weit in die Türkei, in der andern nach Siebenbürgen hinein. Die Hitze war heut wieder sengend; sie hat mir die Haut im Gesicht abgeschält. Jetzt ist ein warmer Sturm, der so heftig über die Steppe herkommt, daß die Häuser davor zittern. Ich habe in der Donau geschwommen, mir die prächtige Kettenbrücke von unten angesehn, Besuche gemacht, aus der Promenade sehr gute Zigeuner spielen hören und will nun bald schlafen. Die Gegend am Rande der Pußta da, wo es anfängt kultivierter zu werden, erinnert an Pommern, an die Gegend von Ramelow, Roman und Coseger. Die Zigeuner sind grauschwarz im Gesicht, fabelhaft kostümiert, die Kinder ganz nackend bis auf eine Schnur Glasperlen um den Hals. Zwei Frauen hatten schöne regelmäßige Züge, waren auch reiner und geputzter wie die Männer. Wenn die Ungarn einen Tanz noch einmal hören wollen, so rufen sie ganz erstaunt hody wol? hody? (wie war das? wie?) und sehn sich fragend um, als hätten sie nicht recht verstanden, obschon sie die Musik auswendig wissen. Es ist überhaupt ein schnurriges Volk, gefällt mir aber sehr gut. Meine Ulanen-Eskorte ist doch nicht so übel gewesen. Um dieselbe Zeit, wo ich Kecskemet in südlicher Richtung verließ, gingen 63 Wagen zu Markt nach Körös nördlich ab. Diese sind zwei Stunden später angehalten und ausgeplündert worden. Einem Oberst, der zufällig vor diesen Wagen fuhr, haben sie, weil er nicht anhalten wollte, einige Schüsse nachgeschickt und ein Pferd durch den Hals geschossen, doch nicht so, daß es stürzte, und da er, im Galopp davonfahrend, nebst zwei Dienern, das Feuer erwiderte, haben sie vorgezogen, sich an die übrigen unbewaffneten Reisenden zu halten. Sonst haben sie niemand etwas getan, nur 80 und einige Personen geplündert, oder vielmehr gebrandschatzt; denn sie nehmen nicht alles, was einer hat, sondern fordern nach Vermögen und nach ihrem eignen Bedürfnis eine Summe von jedem und lassen sich z. B. vierzig fl., die sie gefordert haben, aus einem Portefeuille mit tausend fl. ruhig zuzählen, ohne den Überrest anzurühren. Also Räuber, die mit sich reden lassen.

Wien. 30. Da sitze ich wieder im Römischen Kaiser, fand Deinen sehr lieben Brief aus Coblenz und dankte Gott, daß es Dir wohlging. Während Du vom Coblenzer Schloß aus auf den Rhein blicktest und auf unsern König und Herrn wartetest, sah ich vom Ofner Schloß auf die Donau und hatte mit dem jungen Kaiser eine after dinner conversation in einer Fensternische über die preuß. Militärverfassung...

Aus : „Bismarcks Briefe an General Leopold v. Gerlach"

...Österreich mißbraucht den Bund und nutzt ihn dadurch ab, er soll Mittel sein, unsern Einfluß in Deutschland zu neutralisieren und auf uns selbst malgré nous zu wirken, nicht deutschen, sondern österreichischen Zwecken soll er dienen, und jede Abwehr oder Zurückhaltung Preußens diesem Streben gegenüber wird mit einem pharisäischen Befremden als Verrat an der deutschen Sache stigmatisiert. Die guten Österreicher sind wie der Weber Zettel im Sommernachtstraum. Sie haben im Orient ihr Kreuz zu tragen, wollen in Italien die große Rolle spielen und in Deutschland auch den „Löwen" machen und für die europäische Politik über uns disponieren, ohne uns in der deutschen auch nur ein Gott vergelts zu sagen. Wir begehn dabei, wie mir scheint, stets den Fehler eines blöden Jungen, der sich von seinem an Arroganz und Pfiffigkeit überlegenen Kompagnon überzeugen läßt, wie unrecht er tut, sich nicht für ihn zu opfern. Bei allen unverschämten Zumutungen sagen wir niemals: das will ich nicht, weil es mir nicht konveniert, sondern als ob wir kein Recht auf eigne Meinung, keine eigne mit Österreich oder andern Bundesstaaten kollidierende Interessen hätten, erklären wir uns mit allem einverstanden und suchen Hintertüren, um aus der Sache mit dem blauen Auge davonzukommen. Dadurch gerieten wir in der Zollsache in eine schiefe Stellung und nicht minder in vielen untergeordneten Handeln. Noch vor einigen Tagen mußte ich mich über einen Aufsatz in der offiziösen Preußischen Correspondenz ärgern, der von dem kindlichen Bemühn eingegeben war, dem Publikum weiszumachen, daß wir in edler Selbstverleugnung vor Begierde brennen, uns für Deutschland zu opfern. Das glaubt uns doch keiner, und man benutzt unsre eignen heuchlerischen Phrasen als Waffe gegen uns und als Beweis, daß es gar keine preußische Politik gibt, sondern nur eine deutsche, in deren Schlepptau zu gehen Preußen sich zur Ehre rechnet, und bei der man jede europäische Regierung lieber als Steuermann anerkennt, nur Preußen nicht. Mich dünkt, mit größerer Offenheit müßten wir bei Österreich und bei den deutschen Kleinstaaten weiterkommen. Unsre Worte fließen von Bundesfreundlichkeit über, während wir uns fortdauernd aus der Defensive gegen den Bund befinden, oder vielmehr gegen den Mißbrauch, den unsre Bundesgenossen mit demselben treiben, indem sie das cum grano salis vergessen, mit welchem man bis 1848 die 1/17 Stimme Preußens abwog. Soll unsre Lage im Bunde erträglich sein, so muß Österreich sich dazu verstehn, uns wenigstens ein volles Veto einzuräumen, d. h. keine Sache ohne unser Einverständnis am Bunde (zu) betreiben, natürlich mit Reziprozität von unsrer Seite, und es muß ferner einige der Alluvionen aufgeben, die der Strom der Zeit dem Präsidium angesetzt und am Ufer des Kollegiums abgerissen hat. Sollen wir fortfahren, die Bundesverträge als Arsenal für einen Intrigen- und Majoritätenkampf der beiden Großmächte zu behandeln, so muß der Bund zugrunde gehn, und die Bundesfreundlichkeit Preußens muß allmählich unter den Gefrierpunkt sinken, so warm auch unsre offiziellen Erklärungen lauten mögen. Ich bin überzeugt, wir kämen weiter, wenn wir das dem Wiener Kabinett offen und ernsthaft sagten, anstatt uns gegenseitig Phrasen zu machen, wie die Macbeth in dem König Duncan; wir spielen jedesmal die gekränkte Unschuld, wenn man uns Mangel an bundesfreundlicher Gesinnung vorwirft, und dabei entfremden wir uns durch diese gegenseitige Heuchelei mehr und mehr; warum sagen wir nicht ganz offen, daß wir uns nicht einen Pfifferling um den Bund kümmern werden, wenn man uns nicht unserm Stande gemäß darin honoriert? Auch mit den übrigen Bundesstaaten würden wir besser auskommen, wenn wir uns im ganzen kühler und freier zu ihnen stellten, ohne unsre preußische und egoistische Politik mit dem räudigen Hermelin (des) deutschen Patriotismus aufzuputzen. Sie glaubens doch nicht, sie merken Absicht und sind verstimmt...

...Über die politique occulte in Wien habe ich noch niemals eine andre Version gehört, als daß Ihre Kgl. Hoheit, die Erzherzogin Sophie die Fäden derselben hält und daß diese Fürstin in der Geistlichkeit Ihre Berater, in dem Minister Bach ihr exekutierendes Instrument hat. Bach soll in Ihrer Kgl. Hoheit den hauptsächlichsten Halt gegen die ihn bitter hassende Aristokratie finden und dafür sich dankbar und abhängig erweisen. Daß er Buol dominiert, ist nicht zu verwundern, da selbst Leute wie Thun und Rechberg von ihm beeinflußt werden. Thun steht jetzt unter Bachs Ministerium, und bei Rechberg war mir die einzige unheimliche Seite, daß er von Bach mit Verehrung, ich möchte sagen mit Bewunderung sprach. Bach ist dabei nicht einmal integer, muß also wirklich sehr klug sein, er macht sich und seiner Familie ein dauerndes fort und steht in einflußreicher Solidarität mit dem ganzen Klüngel von Juden und Judengenossen, die sich an den kranken Brüsten der österreichischen Finanz vollsaugen ... Das alles führe ich natürlich nicht als Resultat meiner Beobachtungen an, sondern relata refero. ... Ich sage das alles im Indikativ. Aber schwören kann ich deshalb nicht darauf. Gewiß ist wohl, daß die Korruption und die Römische Kirche eine große Rolle in Wien spielen. Wer, zwischen Österreich und dem Katholizismus, sich schließlich als Pferd, und wer als Reiter herausstellt, das muß die Geschichte lehren.

Frankfurt, 28. 4. 56.

Verehrtester Freund, ich habe soeben einen langen Brief an Manteuffel geschrieben, an dem ich gestern durch eine verdrießliche Migräne unterbrochen wurde. Mir bleibt bis zu Schweinitz' Abfahrt nur die Zeit, Ihnen wenig Worte zu schreiben und Sie zu bitten, daß Sie jenen Brief lesen. Sie werden nicht mit dem Inhalt einverstanden sein, aber sehn Sie doch, daß Manteuffel ihn Ihnen zeigt, wenn Sie auch keine Freude daran haben. Wir müssen doch auch au fait voneinander bleiben, und ich will meine Verirrungen nicht vor Ihnen verhehlen, wenn Sie es als solche ansehn. Ich kann mich der mathematischen Logik der Tatsachen nicht erwehren, sie bringt mich zu der Überzeugung, daß Österreich unser Freund nicht sein kann und will. Bei der Bahn, auf welche die Österreichische Monarchie gesetzt ist, kann es für Österreich nur eine Frage der Zeit und der Opportunität sein, wann es den entscheidenden Versuch machen will, uns die Sehnen durchzuschneiden; daß es den Willen dazu hat, ist eine politische Naturnotwendigkeit. Solange es die Schiffe seiner jetzigen Politik nicht dezidiert hinter sich verbrennt, d. h. solange es nicht über die Abgrenzung seines und unsres Einflusses in Deutschland, vermöge einer geographischen oder politischen Demarkationslinie, sich definitiv verständigt und die Verständigung in Vollzug gesetzt hat, müssen wir dem Kampf mit ihm entgegensehn, mit Diplomatie und Lüge im Frieden, mit Wahrnehmung jeder Gelegenheit, uns im Kriege den coup de grâce zu geben, oder coup de jarnac will ich lieber sagen. Österreich läßt sich dabei durch deutsche Gefühle, durch Bilder von Mann und Frau, die sich zanken, aber nach außen zusammenhalten, nicht irre machen. Es nimmt die Hülse der Franzosen so gut gegen uns an wie die der Russen, die der Demokratie in Preußen so gut als die der Ultramontanen Münsterländer und Reichensperger. Über unser Gezänk und Intrigen im Frieden geht dabei Deutschland noch sichrer zugrunde, als über einen guten Krieg, wie den Siebenjährigen, der uns wenigstens klare Verhältnisse zueinander brachte. Aber wenn wir den auch fromm vermeiden wollten, Österreich wird ihn führen, sobald ihm die Gelegenheit günstig ist. Wir, so stark wir jetzt sind, bleiben eine Unmöglichkeit in dem System der dermaligen Wiener Politik; ihre Ziele und die Existenz des gegenwärtigen Preußens schließen sich gegenseitig aus. Sie glauben das nicht, und davon unsre Meinungsverschiedenheit. Ich war ziemlich gut Österreichisch, als ich herkam, und bin auch bereit, es wieder zu sein, wenn wir von dort die Garantie für eine Politik erhalten, bei der auch wir bestehn können. Bei der jetzigen können wir das meines Glaubens nicht. Unter allen Umständen aber bin ich treu der Ihrige   v. Bismarck.

Rede im Preußischen Landtag am 22. Januar 1864

...Der Herr Redner (Löwe) hat angeführt, ich hätte in einer Depesche, die ich im vorigen Jahre an das österreichische Kabinett richtete, die

Österreicher nach Ofen-Pest in Ungarn verwiesen. Es ist dies gewiß ein Beweis, wie leicht man über solche Aktenstücke spricht, ohne daß man sich die Mühe gibt, sie zu lesen. Es steht kein Wort davon in der Depesche. Die ganze Depesche war ein Versuch, dasjenige Einverständnis mit Österreich zu erreichen, welches wir jetzt erreicht haben...

Aus: „Fürst Bismarcks Briefe an seine Braut und Gattin"

Wien, 22. Jul. 64.

Mein liebes Herz. Ich bin mit Keudell, Abeken, Engel, Kolo, Eigenbrodt und noch zwei Leuten, deren Namen mir nicht gegenwärtig ist (lies: sind) und die mich durch ihre kalligraphischen Leistungen unterstützen, gestern früh aus Karlsbad gefahren, zu Wagen bis Prag, von dort heut den Dir bekannten Eisenstrang hierher, leider diesmal nicht, um nach Linz zu schiffen, sondern um mich und andre zu quälen. Ich wohne bei Werther, dessen Frau nicht hier ist, habe einstweilen niemand als Rechberg und einen Brief von Motley gesehn, zwei Stunden im Volksgarten eingeregnet und Musik gehört, von den Leuten betrachtet wie ein neues Nilpferd für den zoologischen Garten, wofür ich Trost in sehr gutem Biere suchte. Wie lange ich hier bleibe, sehe ich noch nicht vorher; morgen viel Besuche zu machen, bei Rechberg auf dem Lande essen, dann womöglich Friede mit Dänemark schließen und schleunigst nach Gastein in die Berge fliehn. Ich wollte, das alles wäre erst vorüber. Die zwei Reisetage haben mich geistig etwas geruht, aber leiblich bin ich sehr müde und sage Dir gute Nacht. Gott behüte Dich und alle unter dem Reinfelder Dach. Diesen Brief wirst Du vielleicht Montag abend haben, schreibe mir dann den ersten noch hierher. Dein treuster vB.

Wien, 27. Jul. 64.

Mein geliebtes Herz. Einen Brief von Dir habe ich hier erhalten und sehne mich nach dem zweiten. Ich führe ein arbeitsames Leben, täglich vier Stunden mit zähen Dänen, und noch nicht zum Schluß. Bis Sonntag muß es entschieden sein, ob Krieg oder Frieden. Gestern aß ich bei Motley, sehr angenehme Frau, offenbar eine Schönheit gewesen, zwei nette Töchter, die älteste und schönste zum Besuch nach Amerika. Wir tranken viel, waren sehr lustig, was ihm, bei dem Kummer über den Krieg, nicht oft passiert. Er ist grau geworden und hat sich die Haare kurz geschnitten. Heut aß ich nach der Konferenz beim Kaiser in Schönbrunn, promenierte mit Rechberg und Werther, dachte an unsere Mondscheinexpedition. Eben war ich eine Stunde im Volksgarten, leider nicht incognito wie damals vor 17 Jahren, angestiert von aller Welt. Musik eines ungrischen Regiments spielte mir zu Ehren Preußenlied, und der Kapellmeister explizierte mir in gebrochnem Deutsch preußische Sympathien. Beim Fortgehen wieder Preußenlied; sehr nett von den Schnurrbärten mit ihren engen blauen Hosen gemeint; aber diese Existenz aus der Schaubühne ist recht unbehaglich, wenn man in Ruhe ein Bier trinken will. Sonnabend hoffe ich nach Gastein zu fahren, es mag Friede sein oder nicht. Hier ist es mir zu heiß, besonders bei Nacht. Eben kommt Kurt mit viel Unterschriften, und ich sage Dir gute Nacht und 1 000 Grüße. Dein treuster vB.

Schönbrunn, 20. Aug. 64.

Mein geliebtes Herz. Es ist zu wunderlich, daß ich grade in den Zimmern zu ebner Erde wohne, die aus den heimlichen reservierten Garten stoßen, in den wir vor ziemlich genau 17 Jahren beim Mondschein hier eindrangen. Wenn ich über die rechte Schulter blicke, so sehe ich durch eine Glastür grade den dunkeln Buchenheckengang entlang, in welchem wir mit heimlichen Behagen am Verbotnen bis an die Glasfenster wanderten, hinter denen ich jetzt wohne. Es war damals eine Wohnung der Kaiserin, und jetzt wiederhole ich im Mondschein unsre damalige Wanderung mit mehr Bequemlichkeit. Ich fuhr vorvorgestern aus Gastein, schlief in Radstadt, von dort vorgestern bei nebligem Wetter nach Aussee, reizend gelegen, schöner See, halb Traun- halb Königssee, mit Sonnenuntergang nach dem Hallstädter See, von dort zu Nachen in der Nacht nach Hallstadt, wo wir schliefen, behaglicher sonniger Morgen, Wasserfahrt, zu Mittag in Ischl beim König, mit S. M. über den Traunsee nach Gmunden, wo wir schliefen und ich viel an Sevitt, Hunt und B . . t und alles Damalige zurückdachte. Heut morgen mit der Landgräfin und Hoverden auf der ersten Station per Dampf hierher, um sechs angelangt, zwei Stunden mit Nechberg, nachdem ich mich überzeugt, daß die Kaiserin eine der schönsten Frauen ist, von der alle Bilder eine falsche Idee geben. Drei Tage bleiben wir hier; was dann wird, ob Baden oder Pommern, übersehe ich noch nicht. Jetzt bin ich herzlich schläfrig, wünsche Dir und allen Unsrigen gute Nacht. Dein treuster   vB.

„Bismarck und Rechberg"

Ungedruckte Briefe von Bismarck und Rechberg. Mitgeteilt von Gabriele Gräfin Rechberg. Österreichische Rundschau, Band LXIII

Wir sind darüber einig, daß sich für Österreich wie für Preußen das gegenseitige Bündnis als das wirksamste und zugleich gefahrloseste darbietet, welches jeder von beiden Staaten einzugehen vermag, und in dieser Überzeugung sind wir beide als ehrliche Vaterlandsfreunde und Diener unserer Monarchen bemüht, jeder in seinem Lande die mannigfachen Hindernisse und Gegenwirkungen zu überwinden, welche der Ausbildung des Bündnisses entgegenstehn. Mein Eifer für diesen Zweck wird dadurch nicht vermindert, daß ich ihn nicht aus dem Bewußtsein gemeinsamer Zugehörigkeit zum Deutschen Bunde, sondern lediglich aus meiner Beurteilung der Interessen Preußens und seiner Krone schöpfe; ich glaube vielmehr, daß wir des Fortschrittes auf unserer gemeinsamen Bahn sicherer werden würden, wenn wir uns beiderseits auf den praktischen Boden der Kabinettspolitik stellten, ohne uns die Situation durch die Nebel trüben zu lassen, welche aus den Doktrinen deutscher Gefühlspolitiker aufsteigen. Die Zusammengehörigkeit Österreichs mit Deutschland ist eine unzerstörbare; ihr praktischer Wert hängt nicht von der Zollverfassung ab, sonst wären Mecklenburg und die Hansestädte nicht Teile von Deutschland, und Hannover wäre es erst seit elf Jahren. Österreich ist gar nicht imstande aufzuhören eine „deutsche" Macht zu sein; aber wenn das Wort „deutsch" dabei mehr als ein epitheton ornans, wenn es eine praktische Steigerung der „Macht" sein soll, so kann dies meines Erachtens nicht durch einen Zollvertrag mit problematischen Wortstellungen, sondern nur durch ein intimes, die deutsche Politik aktiv liebendes Bündnis beider Großmächte erreicht werden.

Graf Otto von Bray-Steinburg

„Denkwürdigkeiten aus seinem Leben". Zur Gasteiner Konvention 1865

In Anlaß der Verhandlungen darüber, hörte ich den Grafen Bismarck einst das folgende sagen: „Man wundert sich, daß wir für uns beanspruchen, was wir an unsrer Nordgrenze durch den über Dänemark gemeinsam erfochtenen Sieg errungen haben. Hätten wir beide (Preußen und Österreich) etwa wegen Triests Krieg geführt, so fänden auch wir es ganz natürlich, daß Österreich den erkämpften Besitz für sich allein in Anspruch nähme."

H. Poschinger

…Fürst Bismarck und die Diplomaten nach Govones Bericht
d. d. 27. Mai 1866 bei La Marmora"

Im Laufe der Verhandlungen zwischen Bismarck und Govone (Berlin, 21. Mai 1866) machte letzterer einmal sehr weite Exkursionen auf der Landkarte und fuhr mit dem Finger nicht nur am Brenner herum, sondern auch bis Triest, welch letzter Spazierfahrt aber Bismarck ungeduldig durch die Worte: „Halt, halt, Herr General: Triest bleibt unter allen Umständen ein deutscher Hafen" ein Ende machte. Noch nach Abschluß des Prager Friedens erzählte B. im vertrauten Kreise diese Episode und war noch immer indigniert über den unglaublichen Appetit Italiens.

Heinrich Friedjung

„Der Kampf um die Vorherrschaft in Deutschland"
Am 13. Juni 1890 gewährte Fürst Bismarck Dr. Heinrich Friedjung zu Friedrichsruh eine Unterredung über die Vorgeschichte des Krieges von 1866. Das Gespräch wendete sich den Verhandlungen beim Besuche König Wilhelms und Bismarcks in Schönbrunn im Herbste 1864 zu, und der Fürst machte auf die Frage, ob Österreich 1864 etwa geneigt gewesen wäre, Schleswig-Holstein an Preußen gegen die Garantie seines italienischen Besitzstandes abzutreten, folgende Mitteilungen: „Ich erinnere mich", sagte der Fürst, „nicht an ein solches Angebot Österreichs; und ich glaube, soviel ich mich auf mein Gedächtnis verlassen kann, daß es nicht gemacht wurde. Aber nach meiner damaligen und späteren Intention hätten wir sehr gut darauf eingehen können; denn ein festes Bündnis mit Österreich war stets mein Ziel, und auch mein königlicher Herr hätte, um mit Österreich Freundschaft und Frieden zu erhalten, um den Preis Schleswig-Holsteins gerne eine solche Bürgschaft geleistet. Wir saßen damals à quatre in einem Gemache des Schönbrunner Schlosses: des österreichischen Kaisers Majestät, mein königlicher Herr, Graf Rechberg und ich. Es galt, das Schicksal Schleswig-Holsteins zu entscheiden, und da erklärte Graf Rechberg, das Land könne nur dann Preußen überlassen werden, wenn Österreich zur Herstellung des Gleichgewichtes in Deutschland eine Entschädigung erhalte. Er wies auf die Herrschaft Glatz als solche hin. Davon aber konnte bei der Gesinnung des Königs keine Rede sein. Österreich

konnte nicht einmal darauf hinweisen, daß die Bewohner jenes Landes mit dem Tausche der Herrschaft einverstanden wären. Das war nicht der Fall, vielmehr waren Petitionen und Adressen an den König eingelaufen, in denen er gebeten wurde, sie nicht von Preußen zu trennen. Ich setzte damals dem Kaiser von Österreich auseinander, daß es dem Gedanken unseres Bündnisses entspräche, wenn die Herzogtümer ohne solches Opfer Preußen zufielen. Unser Bund, so sagte ich, sei keine Erwerbsgenossenschaft, welche den Ertrag nach Prozenten verteile, er gleiche vielmehr einer Jagdgesellschaft, bei welcher jeder Teil seine Beute nach Hause trage. Wenn wir etwa im Fortgange des Bundes gemeinsam Krieg gegen Frankreich und Italien führen sollten und Mailand fiele dabei mit preußischer Hilfe wieder in Österreichs Hände, so würde Preußen doch nicht etwa Landesentschädigung dafür verlangen, sondern sich mit einer Geldsumme für seinen Kriegsanteil abfinden lassen. Diese Darlegung blieb auf den Kaiser nicht ohne Eindruck; ich schloß das aus der Frage, die der Kaiser an mich richtete, ob Preußen also die Annexion als wünschenswerte Lösung der Herzogtümerfrage betrachte. Es war mir sehr angenehm, daß die Frage so unmittelbar, und zwar in Gegenwart des Königs, an mich gestellt wurde; denn mein königlicher Herr hatte sich, wenn unter uns von der Zukunft der Herzogtümer die Rede war, stets zurückhaltend benommen; ich konnte keine bestimmte Willensäußerung von ihm erhalten. Ich wandte mich also an ihn und sagte: ‚Diese Frage zu beantworten bin ich nicht berechtigt.' Aber der König zauderte auch diesmal und sagte, die Einverleibung Schleswig-Holsteins sei von ihm nicht gerade ins Auge gefaßt. Darauf mußte ich mich natürlich bescheiden und die Sache für jetzt fallen lassen. Ich selbst war in viel bestimmterer Weise als mein König für eine ganze Lösung der Frage eingenommen, während er damals noch zum Augustenburger neigte. Dessen Haus aber hatte keine wirklichen Ansprüche auf Schleswig-Holstein, denn es hatte bereits zweimal auf die Herzogtümer verzichtet, zuerst 1721, dann 1852. Es bestand also kein Hindernis, die Herzogtümer in Preußen einzuverleiben.

Wir wären, wenn Österreich darauf einging, in einem künftigen Kriege in Italien auf seiner Seite gestanden."

„Den österreichischen Staatsmännern", warf Friedjung ein, „schien wohl für die Machtstellung Österreichs der gemeinsame Besitz in Schleswig-Holstein wichtiger als das bereits verlorene, nicht wieder zu gewinnende Mailand."

„Ich will", entgegnete der Fürst, „jetzt keine Kritik üben, sondern nur den Verlauf der Dinge schildern. Rechberg war einer solchen Lösung damals nicht abgeneigt, wie ich denn überhaupt mit ihm seit der Frankfurter Zeit sehr gut stand. Er war wahrheitsliebend, und ich hatte volles Vertrauen zu dem, was er sagte. Immer schwebte mir der Gedanke vor, den ich denn auch in die Tat umsetzte, daß es notwendig sei, mit Österreich zu einer Verständigung, zu einem Bündnisse zu gelangen. Aber erst viel später, 1879, konnte dieser Plan zur Ausführung kommen ... Mit dem Grafen Rechberg hätte ich vor dem Kriege wohl zum Einverständnisse kommen können. Es war mir deshalb unlieb, als er bald nach der Schönbrunner Zusammenkunft von seinem Posten zurücktrat. Ich riet meinem König damals, Österreich ein Zugeständnis zu machen, welches Rechberg für nötig hielt, um sich im Amte behaupten zu können. Er wünschte, daß Preußen in den neuen Handelsvertrag mit Österreich die Bestimmung des früheren wieder aufnehme, durch welche ihm der spätere Eintritt in den Zollverein offengelassen wurde. Ich befand mich gerade in Biarritz bei Kaiser Napoleon, während diese Unterhandlungen schwebten, und es gelang unterdessen meinem Kollegen, meinen alten Herrn breitzuschlagen und ihn zu bestimmen, den Wunsch Österreichs abzulehnen. Es trat mir damals der ganze Einfluß gegenüber, den man später unter dem Namen Delbrück zusammenfaßte. Auch der damalige Handelsminister Graf Itzenplitz, eine Unterschriftenmaschine, arbeitete mir entgegen, ebenso Finanzminister Bodelschwingh, der mir stets, wo er mir etwas anhaben konnte, eins versetzte. So wurde meine Absicht, mit Österreich in friedlichem Einverständnisse zu bleiben, vereitelt."

Hier meinte Friedjung, daß indessen aus den Staatsschriften des Fürsten, die er aus Frankfurt nach Berlin gesendet hatte, hervorgehe, daß er schon damals den Krieg als das notwendige Mittel zur Lösung der deutschen Frage im Auge gehabt habe. „Im allgemeinen gewiß," war die Antwort, „aber nicht hie und da, nicht in den einzelnen Wendungen unserer Politik. Es hieße das Wesen der Politik verkennen, wollte man annehmen, ein Staatsmann könne einen weit aussehenden Plan entwerfen und sich als Gesetz vorschreiben, was er in einem, zwei oder drei Jahren durchführen wolle. Es ist richtig, daß der Gewinn Schleswig-Holsteins einen Krieg wert war; aber in der Politik kann man nicht einen Plan für lange Zeit festlegen und blind in seinem Sinne vorgehen. Man kann sich nur im großen die zu verfolgende Richtung vorzeichnen. Diese freilich muß man unverrückt im Auge behalten, aber man kennt die Straßen nicht genau, auf denen man zu seinem Ziele gelangt. Der Staatsmann gleicht einem Wanderer im Walde, der die Richtung seines Marsches kennt, aber nicht den Punkt, an dem er aus dem Forste heraustreten wird. Ebenso wie er muß der Staatsmann die gangbaren Wege einschlagen, wenn er sich nicht verirren soll. Wohl war der Krieg mit Österreich schwer zu vermeiden, aber wer das Gefühl der Verantwortlichkeit für Millionen auch nur in geringem Maße besitzt, wird sich scheuen, einen Krieg zu beginnen, bevor nicht alle anderen Mittel versucht sind. Es war stets ein Fehler der Deutschen, alles erreichen zu wollen oder nichts und sich eigensinnig auf eine bestimmte Methode zu steifen. Ich war dagegen stets erfreut, wenn ich der Einheit Deutschlands, aus welchem Wege immer, auch nur auf drei Schritte näher kam. Ich hätte jede Lösung mit Freuden ergriffen, welche uns ohne Krieg der Vergrößerung Preußens und der Einheit Deutschlands zuführte. Viele Wege führten zu meinem Ziele, ich mußte der Reihe nach einen nach dem anderen einschlagen, den gefährlichsten zuletzt. Einförmigkeit im Handeln war nicht meine Sache.

„Das war auch", fuhr der Fürst fort, „der Gedanke unserer Sendung des Herrn v. Gablenz, des Bruders des Generals, nach Wien, welche noch hart vor dem Kriege, im Mai 1866, die Herbeiführung eines Ausgleichs mit Österreich bezweckte. Man hat später aus beiden Seiten diesen Zwischenfall als ein Pudendum betrachtet und von ihm nichts in die Öffentlichkeit dringen lassen. Gablenz überbrachte dem Kaiser von Österreich den Vorschlag, Preußen und Österreich sollten sich in die Herrschaft über Deutschland teilen. Wir sollten den militärischen Oberbefehl über Norddeutschland übernehmen, Österreich über den Süden. Niemand hätte uns damals bei der Teilung Deutschlands widerstehen können. Die beiden deutschen Mächte standen in gewaltiger Rüstung da und konnten dem auf diese Wendung nicht vorbereiteten Europa das Gesetz vorschreiben. Der König von Bayern hätte allerdings mit den übrigen Fürsten Süddeutschlands ein Stück seiner Souveränität dem Kaiser von Österreich abtreten müssen, aber die Einschränkung wäre nicht so groß gewesen, wie jene, zu der er sich 1871 freiwillig verstand. Dieser Umstand ist es, der, wie ich früher bemerkte, bewirkte, daß man diese Unterhandlungen als ein Pudendum behandelte. Weder wir noch Österreich, das einen Monat darauf Bayern zum Alliierten im Kriege gewann, mochten davon Erwähnung tun, daß wir im Mai über die Teilung Deutschlands unterhandelt hatten. Ich weiß nicht, ob diese Ordnung eine endgültige gewesen wäre und ob nicht doch später ein Waffengang zwischen Österreich und Preußen notwendig war, um die dauernde Gestaltung Deutschlands herbeizuführen. Jedenfalls aber wäre Österreich 1866 der Krieg und die Niederlage erspart worden. Außerdem aber schlug ich Österreich vor, daß wir, schlagkräftig wie wir waren, uns gemeinsam gegen Frankreich wenden sollten, um die Herausgabe des Elsaß zu erzwingen: Österreich konnte dann Straßburg nehmen, Preußen Mainz behalten." „Gablenz", fragte Friedjung, „überbrachte also den Vorschlag eines gemeinsamen Krieges gegen Frankreich?"

„So wie ich eben es erzählte. Napoleon hatte damals nur eine schwache, durch die mexikanische Expedition zerrüttete Armee, er hätte uns nicht widerstehen können. Der Kaiser von Österreich war vielleicht nicht abgeneigt, auf die Sache einzugehen; wenigstens übergab er die Angelegenheit seinem Ministerrat zur Prüfung. Aber

Kriegsminister Franck war der Meinung, es ginge nicht an, nach den großen Rüstungen der letzten Monate ohne einen Kanonenschuß Frieden zu machen, man könnte sonst von dem Heere Österreichs sagen, es sei pulverscheu; vielleicht ließe sich nach der ersten Schlacht darüber sprechen. Dieses Vorurteil hatte freilich General Gablenz nicht zu scheuen, denn er hatte im vorhergehenden Feldzug in Schleswig-Holstein gezeigt, daß er das Pulver nicht fürchte. Noch entschiedener lehnte Finanzminister Graf Larisch ab. Er meinte, die österreichischen Finanzen machten einen Krieg unbedingt notwendig, entweder um im Falle eines glücklichen Ausgangs von Preußen eine große Kriegskontribution zu erlangen oder nach einer Niederlage mit Anstand die Staatsschuld liquidieren zu können. So wurde der Vorschlag von Österreich abgelehnt.

Vielleicht aber war es besser, daß die Sache rasch durch das Schwert entschieden wurde. Denn die Uhr des deutschen Dualismus mußte bisher in jedem Jahrhundert einmal durch einen Krieg richtig gestellt werden. Dieser Dualismus ist älter als der zwischen Österreich und Preußen; er prägte sich zuerst im Gegensatz zwischen Franken und Sachsen, dann zwischen Hohenstaufen und Welfen aus. Hierauf brach er wieder in der Reformation auf; Moritz von Sachsen erhob sich wider Karl V., doch vornehmlich zu dem Zwecke, um die Herrschaft von Kaiser und Reich abzutun: das nannte man damals die ‚deutsche Freiheit'. Oder glauben Sie, daß er, als er von der ‚viehischen Servitut' sprach, in welcher Deutschland damals angeblich schmachtete, an die traurige Lage der geknechteten Bauern Deutschlands dachte? Gewiß nicht – er meinte damit nur den Gehorsam, den sich der Kaiser bei den Fürsten erzwungen hatte. Ähnlich traten sich seit den Schlesischen Kriegen Österreich und Preußen gegenüber, und jetzt äußert sich dieser Gegensatz in dem Widerspruche des Individuums gegen den Staat. Merkwürdig ist, daß der Kampf stets in der Mitte des Jahrhunderts stattfand, während die Versöhnung der Gegensätze sich um die Wende des Jahrhunderts vollzog. Ich bin nicht so abergläubisch, um in diesem Zeitmaße eine Vorausbestimmung zu sehen; es lag offenbar in der

Natur der widereinander streitenden Kräfte, daß sich in jedem Jahrhundert ungefähr zur gleichen Zeit ein Ruhepunkt ergab. Jede Nation erfüllt ihr Geschick nach der ihr innewohnenden Fähigkeit, nach der Mitgift, die sie von der Natur erhalten hat. So waren wir Deutsche stets höchst unverträglich untereinander und viel zu nachgiebig gegen Fremde ..."

Aus: „Gedanken und Erinnerungen" II. „Nikolsburg"
Inzwischen hatte ich in den Konferenzen mit Karolyi und mit Benedetti, dem es dank dem Ungeschick unsrer militärischen Polizei im Rücken des Heeres gelungen war, in der Nacht vom 11. zum 12. Juli nach Zwittau zu gelangen und dort plötzlich vor meinem Bette zu erscheinen, die Bedingungen ermittelt, unter denen der Friede erreichbar war. Benedetti erklärte für die Grundlinie der Napoleonischen Politik, daß eine Vergrößerung Preußens um höchstens vier Millionen Seelen in Norddeutschland, unter Festhaltung der Mainlinie als Südgrenze, keine französische Einmischung nach sich ziehn werde. Er hoffte wohl, einen süddeutschen Bund als französische Filiale auszubilden. Österreich trat aus dem Deutschen Bunde aus und war bereit, alle Einrichtungen, die der König in Norddeutschland treffen werde, vorbehaltlich der Integrität Sachsens, anzuerkennen. Diese Bedingungen enthielten alles, dessen wir bedurften: freie Bewegung in Deutschland.

Ich war nach allen vorstehenden Erwägungen fest entschlossen, die Annahme des von Österreich gebotenen Friedens zur Kabinettsfrage zu machen. Die Lage war eine schwierige; allen Generalen war die Abneigung gemeinsam, den bisherigen Siegeslauf abzubrechen, und der König war militärischen Einflüssen im Laufe jener Tage öfter und bereitwilliger zugänglich als den meinigen; ich war der einzige im Hauptquartier, dem eine politische Verantwortlichkeit als Minister oblag und der sich notwendig der Situation gegenüber eine Meinung bilden und einen Entschluß fassen mußte, ohne sich für den Ausfall auf irgendeine andere Autorität in Gestalt kollegialischen Beschlusses oder höherer Befehle berufen zu können. Ich konnte die Gestaltung der

Zukunft und das von ihr abhängige Urteil der Welt ebensowenig voraussehn wie irgendein andrer, aber ich war der einzige Anwesende, der gesetzlich verpflichtet war, eine Meinung zu haben, zu äußern und zu vertreten. Ich hatte sie mir in sorgsamer Überlegung der Zukunft unsrer Stellung in Deutschland und unsrer Beziehungen zu Österreich gebildet, war bereit, sie zu verantworten und bei dem Könige zu vertreten. Es war mir bekannt, daß man mich im Generalstabe den ‚Questenberg im Lager' nannte, und die Identifizierung mit dem Wallensteinschen Hofkriegsrat war mir nicht schmeichelhaft.

Am 23. Juli fand unter dem Vorsitze des Königs ein Kriegsrat statt, in dem beschlossen werden sollte, ob unter den gebotenen Bedingungen Friede zu machen oder der Krieg fortzusetzen sei. Eine schmerzhafte Krankheit, an der ich litt, machte es notwendig, die Beratung in meinem Zimmer zu halten. Ich war dabei der einzige Zivilist in Uniform. Ich trug meine Überzeugung dahin vor, daß auf die österreichischen Bedingungen der Friede geschlossen werden müsse, blieb aber damit allein; der König trat der militärischen Mehrheit bei. Meine Nerven widerstanden den mich Tag und Nacht ergreifenden Eindrücken nicht, ich stand schweigend auf, ging in mein anstoßendes Schlafzimmer und wurde dort von einem heftigen Weinkrampf befallen. Während desselben hörte ich, wie im Nebenzimmer der Kriegsrat aufbrach. Ich machte mich nun an die Arbeit, die Gründe zu Papier zu bringen, die meines Erachtens für den Friedensschluß sprachen, und bat den König, wenn er diesen meinen verantwortlichen Rat nicht annehmen wolle, mich meiner Ämter als Minister bei Weiterführung des Krieges zu entheben. Mit diesem Schriftstücke begab ich mich am folgenden Tage zum mündlichen Vortrag. Im Vorzimmer fand ich zwei Obersten mit Berichten über das Umsichgreifen der Cholera unter ihren Leuten, von denen kaum die Hälfte dienstfähig war. Die erschreckenden Zahlen befestigten meinen Entschluß, aus dem Eingehen auf die österreichischen Bedingungen die Kabinettsfrage zu machen. Ich befürchtete neben politischen Sorgen, daß bei Verlegung der Operationen nach Ungarn die mir bekannte Beschaffenheit dieses Landes die Krankheit schnell übermächtig machen würde. Das Klima, besonders im August, ist gefährlich, der Wassermangel groß, die ländlichen Ortschaften mit Feldmarken von mehren Quadratmeilen weit verstreut, dazu Reichtum an Pflaumen und Melonen. Mir schwebte als warnendes Beispiel unser Feldzug von 1792 in der Champagne vor, wo wir nicht durch die Franzosen, sondern durch die Ruhr zum Rückzug gezwungen wurden. Ich entwickelte dem Könige an der Hand meines Schriftstücks die politischen und militärischen Gründe, die gegen die Fortsetzung des Krieges sprachen.

Österreich schwer zu verwunden, dauernde Bitterkeit und Revanchebedürfnis mehr als nötig zu hinterlassen, mußten wir vermeiden, vielmehr uns die Möglichkeit, uns mit dem heutigen Gegner wieder zu befreunden, wahren und jedenfalls den österreichischen Staat als einen Stein im europäischen Schachbrett und die Erneuerung guter Beziehungen mit demselben als einen für uns offen zu haltenden Schachzug ansehn. Wenn Österreich schwer geschädigt wäre, so würde es der Bundesgenosse Frankreichs und jedes Gegners werden; es würde selbst seine antirussischen Interessen der Revanche gegen Preußen opfern. Auf der andern Seite könnte ich mir keine für uns annehmbare Zukunft der Länder, welche die österreichische Monarchie bildeten, denken, falls letztre durch ungarische und slawische Aufstände zerstört oder in dauernde Abhängigkeit versetzt werden sollte. Was sollte an d i e Stelle Europas gesetzt werden, welche der österreichische Staat von Tirol bis zur Bukowina bisher ausfüllt? Neue Bildungen auf dieser Fläche könnten nur dauernd revolutionärer Natur sein. Deutsch-Österreich könnten wir weder ganz, noch teilweise brauchen, eine Stärkung des preußischen Staates durch Erwerbung von Provinzen wie Österreichisch-Schlesien und Stücken von Böhmen nicht gewinnen, eine Verschmelzung des deutschen Österreichs mit Preußen würde nicht erfolgen, Wien als ein Zubehör von Berlin aus nicht zu regieren sein.

Wenn der Krieg fortgesetzt würde, so wäre der wahrscheinliche Kampfplatz Ungarn. Die österreichische Armee, die, wenn wir bei Preßburg über die Donau gegangen, Wien nicht würde halten können, würde schwerlich nach Süden ausweichen, wo sie zwischen die preußische und die italienische Armee geriete und durch ihre Annäherung an Italien die gesunkene und durch Louis Napoleon eingeschränkte Kampflust der Italiener neu beleben würde; sondern sie würde nach Osten ausweichen und die Verteidigung in Ungarn fortsetzen, wenn auch nur in der Hoffnung auf die in Aussicht stehende Einmischung Frankreichs und die durch Frankreich vorbereitete Desinteressierung Italiens. Übrigens hielte ich auch unter dem rein militärischen Gesichtspunkte nach meiner Kenntnis des ungarischen Landes die Fortsetzung des Krieges dort für undankbar, die dort zu erreichenden Erfolge für nicht im Verhältnis stehend zu den bisher gewonnenen Siegen, also unser Prestige vermindernd – ganz abgesehen davon, daß die Verlängerung des Krieges der französischen Einmischung die Wege ebnen würde.

Arthur Graf Seherr Thosz

„Erinnerungen aus meinem Leben" Deutsche Rundschau,
Band XXVIII

(Der Kanzler hatte sich gegen die Annahme verwahrt, daß gewisse, in Ungarn herumreisende Agenten, die zum Unfrieden mit Österreich provozierten, im Solde Preußens stünden.) „ ... Preußen hat gar kein Interesse daran, Zwietracht zwischen Ungarn und Österreich zu stiften. An die Überschreitung der Mainlinie denken wir nicht im entferntesten. Wir haben alles Interesse daran, daß die österreichisch-ungarische Monarchie erstarke, in enge Freundschaft zu uns trete. Die Aufrichtigkeit dieses Wunsches begründet sich eben in der jetzigen Umgestaltung Österreich-Ungarns. Die dualistische Gestaltung der Monarchie bringt es mit sich, daß wir von dieser Seite eine Aggression wenig zu fürchten haben; denn wer immer in Zukunft auf meinem Platze steht, müßte sehr ungeschickt sein, wenn er sie nicht abzuwenden wüßte. Dagegen ist Österreich-Ungarn uns als Bundesgenosse von großem Werte. Man hat uns in Wien das Jahr 1866 noch nicht vergessen. Das wird sich geben, sobald man erkannt haben wird, welche Kraft Österreich-Ungarn aus einer innigen Verbindung mit uns schöpfen kann. Indessen hört Beust nicht auf, gegen uns zu intrigieren, sowohl in Paris, wie bei den süddeutschen Höfen ... Mit Frankreich werden wir Krieg bekommen, da es uns Sadowa nicht verzeiht, als wäre es eine französische Niederlage. Je später es zum Kriege kommt, desto besser für uns; aber er kommt sicher. Wir werden siegen, jawohl, wir werden siegen, denn unsere Soldaten sind ebensogut wie die französischen, und unsere Generale sind besser. Eine längere Periode wird dann eintreten, während welcher wir gegen Frankreich auf der Hut sein müssen. Vielleicht wird es noch eines zweiten Krieges bedürfen, um Frankreich zu beweisen, daß wir ihm ebenbürtig sind. Sind die Franzosen erst zu dieser Erkenntnis gekommen, so ist kein Grund vorhanden, warum nicht Franzosen und Deutsche gute Nachbarschaft halten sollten. Der wahre Feind für das zivilisierte Europa kann dann Rußland werden; wenn dieses sein Eisenbahnnetz ausgebaut, seine Armee reorganisiert hat, kann es mit zwei Millionen Soldaten marschieren. Dann muß sich Europa koalisieren, um dieser Macht zu widerstehen."

Poschinger, Tischgespräche

11. 8. 67.
Das deutsche Element ist der bindende Kitt, der das große österreichische Staatsgebäude zusammenhält.

9. 67.
Österreich ist wie ein Haus, das aus schlechten Ziegeln erbaut ist, welche jedoch durch einen ausgezeichneten Mörtel zusammengehalten werden – wie nennen Sie diesen – Zement. Dieser Zement ist seine deutsche Bevölkerung. Was immer Gutes in seiner barbarischen Provinz getan worden ist, ist durch die Germanisierung seiner Institutionen geschehen. Überall in Österreich wird Deutsch gesprochen; die Bewohner der verschiedenen slawischen, magyarischen und lateini-

schen Provinzen müssen sich des Deutschen bedienen, um sich miteinander zu verständigen.

Aus der Rede im Preußischen Landtag 9. Dezember 1868

... Da ich einmal das Wort habe, erlaube ich mir die kurze Bemerkung über die Empfehlungen des Herrn Abgeordneten Virchow, dem Beispiele Österreichs zu folgen. Ich glaube, daß der Herr Abgeordnete diese Empfehlungen doch nicht so allgemein hat geben wollen, daß wir nun auch etwa eine Armee von 800 000 Mann und einen eisernen Bestand derselben für zehn Jahre fordern sollten. Ich glaube auch nicht, daß er uns hat empfehlen wollen, den österreichischen Administrativeinrichtungen, welche das Gegengewicht gegen die zu bewilligenden Freiheiten der Kommunen bilden, nachzuahmen. Ich werde durch dieselbe Rücksicht, die mich vorher leitete, genötigt, mich auf diese Andeutungen zu beschränken, und darf die inneren Einrichtungen Österreichs, die das Gegengift für die freiheitlichen Institutionen bilden, hier nicht weiter kritisieren. Ich bemerke nur, daß es den Regierungen mit ihrem Liberalismus so geht, wie den Damen: die jüngste gefällt immer am besten.

Österreich ist durch eine langjährige Zurückhaltung in die Lage gebracht worden, heute mit demjenigen Liberalismus Epoche zu machen, der bei uns in der Hauptsache schon seit zwanzig Jahren, in vielen seiner Teile bereits seit fünfzig Jahren zu einem überwundenen Standpunkte gehört.

Eine Äußerung Bismarcks zu Maurus Jokai 1874

Der deutsche Minister, dem es einfiele, von Österreich etwas erobern zu wollen, wäre reif, gehängt zu werden. Ich meinerseits wäre imstande, wenn die österreichischen Provinzen sich mit Gewalt uns anschließen wollten, deshalb Krieg anzufangen gegen sie.

Poschinger, Parlamentarier

9. 75.
Das mächtige Deutschland hat große Aufgaben: vor allem aber die, Europa den Frieden zu erhalten. Dies ist für mich der oberste Gesichtspunkt, auch in der orientalischen Krisis. Ich gedenke mich ohne die äußerste Not nicht einzumischen. Denn gerade durch die Einmischung könnte eine europäische Konflagration entstehen, namentlich dann, wenn auf der Balkan-Halbinsel die Interessen Österreichs und Rußlands einander feindselig entgegentreten. Nähme ich für den einen Staat Partei, dann würde sich Frankreich sofort auf die Seite des andern schlagen, und ein europäischer Krieg stände vor der Türe. Ich habe zwei mächtige Wappentiere an ihren Halsbändern. Ich halte sie auseinander, erstens damit sie sich nicht zerfleischen, zweitens, damit sie sich nicht auf unsere Kosten verständigen können.

Das parlamentarische Diner am 1. Dezember 1876 beim Fürsten Bismarck

(Nach: Graf Julius Andrássy von Ed. v. Wertheimer II. Band)
Angesichts der in die Nähe gerückten Gefahr eines Krieges zwischen Rußland und Österreich-Ungarn wünschte der Kanzler gegenüber Rußland eine vorsichtige Stellung zu bewahren, um diese Macht nicht einer französischen Werbung zugänglich zu machen. Wohl aber wiederholte er seine Warnung, daß Deutschland keine „lebensgefährliche" Verwundung der Donaumonarchie zugeben werde. Er wählte, um dieser letzterwähnten Auffassung einen nachhaltigen Ausdruck zu verleihen und gleichzeitig einer von Lord Salisbury bei seinem Berliner Besuch geäußerten Geringschätzung der österreichisch-ungarischen Wehrkraft zu begegnen, die Gelegenheit eines parlamentarischen Diners, zu dem Mitglieder der verschiedenen Parteirichtungen geladen waren. Hier hielt Bismarck eine halbstündige Rede. Unter anderem

beschäftigte er sich mit der für Deutschland wichtigen Möglichkeit, daß auch Österreich-Ungarn bei den Orientwirren in Aktion trete. Wenn die Integrität Österreich-Ungarns gefährdet würde, ergebe sich für Deutschland die Zwangslage, für die Monarchie einzutreten, deren lebensgefährliche Verwundung es nicht dulden könnte. Die Integrität und der Bestand Österreich-Ungarns sei eine Notwendigkeit nicht bloß vom Gesichtspunkte des europäischen Gleichgewichtes aus, sondern sie entspreche auch den Sympathien und historischen Traditionen der deutschen Nation. Ungarn allein könne der historischen notwendigen Stellung, welche die Monarchie in der europäischen Staatenfamilie einnimmt, nicht genügen. Der Kanzler wollte auch vor allem mit Rücksicht auf die damals obschwebende Ausgleichskrise zwischen Österreich und Ungarn recht anschaulich die ganze Kraft der dynastischen Gefühle der verschiedenen Völker und Stämme der Monarchie dartun, als des stärksten Kittes gegen alle von außen kommende Stürme. Als ihm bei dieser Gelegenheit ein anwesendes Mitglied des Reichstages die Frage einwarf: „Auch Ungarns?" entgegnete er rasch, daß gerade in Ungarn dieses Gefühl am mächtigsten sei und daß bei der feurigen, eindrucks- und gefühlvollen Eigenart des ungarischen Volkes ein ritterlicher König als Husar zu Pferde im Augenblick der Gefahr sicher ein neues „Moriamur pro rege nostro" auslösen würde. Bismarck war fest davon überzeugt und lieh dem auch vor seinen Gästen Ausdruck, daß, wenn Franz Joseph I. sich direkt an die einzelnen Völker wenden würde, in Ungarn in der Husarenuniform, in Tirol Gemsen jagend, in Prag tschechisch redend, in Wien mit dem Appell an den alten österreichischen Patriotismus, jeder Teil der Monarchie fest zu ihm stünde und ihm die Mittel zur Verfügung stellte, die jedem Angriff gewachsen wären. Wie Bismarck es allen mit seinen Worten in Erinnerung brachte, welch große Macht dem Träger der Kronen von Österreich und Ungarn innewohne, hatte er zugleich nicht ohne tiefere Absicht das persönliche Verhältnis Franz Josephs I. zu seinen Völkern betonen wollen, das durch keine Regierung beeinträchtigt werden könnte. Damit sollte dargetan werden, daß Franz Joseph I. im Moment der Gefahr, wo er sich genötigt sehen müßte, über den Widerspruch seiner Ratgeber hinweg, an seine Untertanen zu appellieren, bei diesen auch die Unterstützung fände, das durchzuführen, was er im Interesse der Monarchie für wünschenswert und nützlich erachte.

Poschinger, Parlamentarier

Mitte 77.
Österreich-Ungarn ist ein eigentümliches Mosaik verschiedener Rassen, Religionen und Völker; deutsche, magyarische, slawische und romanische Stämme wimmeln dort bunt durcheinander. Ist dieses Mosaikbild ganz allein sich selbst überlassen und beginnen dessen einzelne Stifte einander zu stoßen oder zu schieben, so befindet es sich in Gefahr auseinanderzufallen. Ist es aber an einer dauerhaften Wand angebracht oder auf einem unverrückbaren Boden befestigt, so kann selbst eine Veränderung der musivischen Zusammenstellung ohne Gefahr sich vollziehen. In dem ersteren Falle führt jede Differenz im Innern auch zu einer Krisis nach außen. Im letzteren dagegen mögen die inneren Fragen in Ruhe und Frieden ihre Verständigung suchen, ohne nach außen zu explodieren.

Deutscher Reichstag. Sitzung vom 19. Februar 1878

... Ich kann dem Herrn (Windthorst) versichern, daß er nicht nötig hat, uns gegenüber die Interessen Österreichs zu vertreten. Unsere Beziehungen zu Österreich sind die der Gegenseitigkeit, der vollen Offenheit und des gegenseitigen Vertrauens, was eine große Seltenheit ist, namentlich nach den Vorgängen aus Zeiten, wo andre Parteien in Österreich noch mächtiger waren, als sie dies heute sind. Nicht bloß von Monarch zu Monarch, nicht bloß von Regierung zu Regierung – nein, ich stehe persönlich mit dem Grafen Andrássy zu meiner Freude und zu meiner Ehre in demjenigen freundschaftlichen Verhältnis, welches ihm die Möglichkeit gibt, mir jede Frage, die er für notwendig hält, im Interesse Österreichs, offen zu stellen, und er hat die Überzeugung, daß ich ihm die Wahrheit antworte, und ich habe die Überzeugung, daß er mir die Wahrheit über Österreichs Absichten sagt.

Ein solches Verhältnis ist ein sehr günstiges, wenn man sich gegenüber einen Minister hat, bei dem man von der Wahrheit dessen, was er auf sein Wort versichert, vollständig überzeugt ist. In der angenehmen Lage befinden wir uns mit Österreich. In früheren Zeiten, die dem Herrn Vorredner gefallen mögen, war es anders; da habe ich österreichische Kollegen im Bunde mir gegenüber gehabt, denen habe ich gesagt: ‚Es ist mir gleichgültig, ob Sie reden oder ob der Wind durch den Schornstein geht, ich glaube kein Wort von dem, was Sie sagen.'

Der Graf Andrássy glaubt mir, und ich glaube ihm, was er mir sagt, und wir brauchen zu diesem Verhältnis die Vermittlung des Herrn Vorredners am allerwenigsten, er würde es nur verderben können! ...

Anhang zu den „Gedanken und Erinnerungen" von Otto Fürst Bismarck. Aus Bismarcks Briefwechsel. 1901

Aus einem Briefe Otto v. Bismarcks an Graf Andrássy
... Wie bei Ihnen so auch bei mir, befestigt sich mit jedem Tage längerer Überlegung meine Überzeugung von der Heilsamkeit, von der Notwendigkeit des von uns unternommenen Werkes, und ich hoffe, daß es uns von Gott gegeben sein wird, unsern beiden großen Reichskörpern die erstrebte Bürgschaft des äußern und des innern Friedens zu sichern. Ich habe für meine Pflicht gehalten, Sie von dem Stadium, bis zu welchem ich in meiner Arbeit gelangt bin, in Kenntnis zu setzen und werde damit fortfahren, sobald mir die versprochene eingehendere Äußerung meines Herrn zugeht.

Aus: „Gedanken und Erinnerungen"
I. Band: „Fürstentag"

... Der Kaiser Franz Joseph ist eine ehrliche Natur, aber das österreichisch-ungarische Staatsschiff ist von so eigentümlicher Zusammensetzung, daß seine Schwankungen, denen der Monarch seine Haltung an Bord anbequemen muß, sich kaum im voraus berechnen lassen. Die zentrifugalen Einflüsse der einzelnen Nationalitäten, das Ineinandergreifen der vitalen Interessen, die Österreich nach der deutschen, der italienischen, der orientalischen und der polnischen Seite hin gleichzeitig zu vertreten hat, die Unlenksamkeit des ungarischen Nationalgeistes und vor allem die Unberechenbarkeit, mit der beichtväterliche Einflüsse die politischen Entschließungen kreuzen, legen jedem Bundesgenossen Österreichs die Pflicht auf, vorsichtig zu sein und die Interessen der eigenen Untertanen nicht ausschließlich von der österreichischen Politik abhängig zu machen. Der Ruf der Stabilität, den die letztere unter dem langjährigen Regimente Metternichs gewonnen hatte, ist nach der Zusammensetzung der habsburgischen Monarchie und nach den bewegenden Kräften innerhalb derselben nicht haltbar, mit der Politik des Wiener Kabinetts vor der Metternichschen Periode gar nicht, und nach derselben nicht durchweg in Übereinstimmung. Sind aber die Rückwirkungen der wechselnden Ereignisse und Situationen auf die Entschließungen des Wiener Kabinetts für die Dauer unberechenbar, so ist es auch für jeden Bundesgenossen Österreichs geboten, auf die Pflege von Beziehungen, aus denen sich nötigenfalls andere Kombinationen entwickeln ließen, nicht absolut zu verzichten.

Aus: „Gedanken und Erinnerungen" II. Band

Graf Schuwalow hatte vollkommen recht, wenn er mir sagte, daß mir der Gedanke an Koalitionen böse Träume verursache. Wir hatten gegen zwei der europäischen Großmächte siegreiche Kriege geführt; es kam darauf an, wenigstens einen der beiden mächtigen Gegner, die wir im Felde bekämpft hatten, der Versuchung zu entziehen, die in der Aussicht lag, im Bunde mit andern Revanche nehmen zu können. Daß Frankreich das nicht sein konnte, lag für jeden Kenner der Geschichte und der gallischen Nationalität auf der Hand, und wenn ein geheimer Vertrag von Reichstadt ohne unsre Zustimmung und unser Wissen möglich war, so war auch die alte Kaunitzsche Koalition von Frankreich, Österreich, Rußland nicht unmöglich, sobald die ihr entsprechenden, in Österreich latent vorhandenen Elemente dort an das Ruder kamen. Sie konnten Anknüpfungspunkte finden, von denen aus sich die alte Rivalität, das alte Streben nach deutscher Hegemonie als Faktor der österreichischen Politik wieder beleben ließ in Anlehnung, sei es an Frankreich, die zur Zeit des Grafen Beust und der Salzburger Begegnung mit Louis Napoleon, August 1867, in der Luft schwebte, sei es in Annäherung an Rußland, wie sie sich in dem geheimen Abkommen von Reichstadt erkennen ließ ...

In dieser Situation lag die Aufforderung zu dem Versuch, die Möglichkeit der antideutschen Koalition durch vertragsmäßige Sicherstellung der Beziehungen zu wenigstens einer der Großmächte einzuschränken. Die Wahl konnte nur zwischen Österreich und Rußland stehn, da die englische Verfassung Bündnisse von gesicherter Dauer nicht zuläßt und die Verbindung mit Italien allein ein hinreichendes Gegengewicht gegen eine Koalition der drei übrigen Großmächte auch dann nicht gewährte, wenn die zukünftige Haltung und Gestaltung Italiens nicht nur von Frankreich, sondern auch von Österreich unabhängig gedacht wurde. Es blieb, um das Feld der Koalitionsbildung zu verkleinern, nur die bezeichnete Wahl.

Für materiell stärker hielt ich die Verbindung mit Rußland. Sie hatte mir früher auch als sicherer gegolten, weil ich die traditionelle dynastische Freundschaft, die Gemeinsamkeit des monarchischen Erhaltungstriebes und die Abwesenheit aller eingebornen Gegensätze in der Politik für sicherer hielt als die wandelbaren Eindrücke der öffentlichen Meinung in der ungarischen, slawischen und katholischen Bevölkerung der habsburgischen Monarchie. Absolut sicher für die Dauer war keine der beiden Verbindungen, weder das dynastische Band mit Rußland, noch das populäre ungarisch-deutscher Sympathie. Wenn in Ungarn stets die besonnene politische Erwägung den Ausschlag gäbe, so würde diese tapfere und unabhängige Nation sich darüber klarbleiben, daß sie als Insel in dem weiten Meere slawischer Bevölkerungen sich bei ihrer verhältnismäßig geringen Ziffer nur durch Anlehnung an das deutsche Element in Österreich und in Deutschland sicherstellen kann. Aber die Kossuthsche Episode und die Unterdrückung der reichstreuen deutschen Elemente in Ungarn selbst und andre Symptome zeigten, daß in kritischen Momenten das Selbstvertrauen des ungarischen Husaren und Advokaten stärker ist als die politische Berechnung und die Selbstbeherrschung. Läßt doch auch in ruhigen Zeiten mancher Magyar sich von den Zigeunern das Lied „Der Deutsche ist ein Hundsfott" aufspielen!

Zu den Bedenken über die zukünftigen österreichisch-deutschen Beziehungen kam der Mangel an Augenmaß für politische Möglichkeiten, infolgedessen das deutsche Element in Österreich die Fühlung mit der Dynastie und die Leitung verloren hat, die ihm in der geschichtlichen Entwicklung zugefallen war. Zu Sorgen für die Zukunft eines österreichisch-deutschen Bundes gab ferner die konfessionelle Frage Anlaß, die Erinnerung an den Einfluß der Beichtväter der kaiserlichen Familie, die Möglichkeit der Herstellung französischer Beziehungen auf katholisierender Unterlage, sobald in Frankreich eine entsprechende Wandlung der Form und der Prinzipien der Staatsleitung eingetreten wäre. Wie fern oder wie nahe eine solche in Frankreich liegt, entzieht sich jeder Berechnung.

Dazu kam endlich die polnische Seite der österreichischen Politik. Wir können von Österreich nicht verlangen, daß es auf die Waffe verzichte, die es in der Pflege des Polentums in Galizien Rußland gegenüber besitzt. Die Politik, die 1846 dazu führte, daß österreichische Beamte Preise auf die Köpfe polnischer Insurgenten setzten, war möglich, weil Österreich die Vorteile der Heiligen Allianz, des Bündnisses der drei Ostmächte, durch ein adäquates Verhalten in den polnischen und orientalischen Dingen bezahlte, gleichsam durch einen Assekuranzbeitrag zu einem gemeinsamen Geschäfte. Bestand der Dreibund der Ostmächte, so konnte Österreich seine Beziehungen zu den Ruthenen in den Vordergrund stellen; löste er sich auf, so war es ratsamer, den polnischen Adel für den Fall eines russischen Krieges zur Verfügung zu haben. Galizien ist überhaupt der österreichischen Monarchie lockrer angefügt als Posen und Westpreußen der preußischen. Die österreichische, gegen Osten offne Provinz ist außerhalb der Grenzmauer der Karpathen künstlich angeklebt, und Österreich könnte ohne sie ebensogut bestehn, wenn es für die 5 oder 6 Millionen Polen und Ruthenen einen Ersatz innerhalb des Donaubeckens fände. Pläne der Art in Gestalt eines Eintausches rumänischer und südslawischer Bevölkerungen gegen Galizien, unter Herstellung Polens mit einem Erzherzoge an der Spitze, sind während des Krimkrieges und 1863 von berufener und unberufener Seite erwogen worden. Die alten preußischen Provinzen aber sind von Posen und Westpreußen durch keine natürliche Grenze getrennt, und der Verzicht auf sie wäre unausführbar. Die Frage der Zukunft Polens ist deshalb unter den Vorbedingungen eines deutsch-österreichischen Kriegsbündnisses eine besonders schwierige ...

Ein österreichisches Bündnis war ziemlich bei allen Parteien populär, bei den Konservativen aus einer geschichtlichen Tradition, bezüglich deren man zweifelhaft sein kann, ob sie grade von dem Standpunkt einer konservativen Fraktion heutzutage als folgerichtig gelten könne. Tatsache ist aber, daß die Mehrheit der Konservativen in Preußen die Anlehnung an Österreich als ihren Tendenzen entsprechend ansieht, auch wenn vorübergehend eine Art von Wettlauf im Liberalismus zwischen den beiden Regierungen stattfand. Der konservative Nimbus des österreichischen Namens überwog bei den meisten Mitgliedern dieser Fraktion den Eindruck der teils überwundenen, teils neuen Vorstöße auf dem Gebiete des Liberalismus und der gelegentlichen Neigung zu Annäherungen an die Westmächte und speziell an Frankreich. Noch näher lagen die Erwägungen, welche den Katholiken den Bund mit der vorwiegend katholischen Großmacht als nützlich erscheinen ließen. Der nationalliberalen Partei war ein vertragsmäßig verbrieftes Bündnis des neuen Deutschen Reiches mit Österreich ein Weg, auf dem man der Lösung der 1848er Zirkelquadratur näherkam, ohne an den Schwierigkeiten zu scheitern, die einer unitarischen Verbindung nicht nur zwischen Österreich und Preußen-Deutschland, sondern schon innerhalb des österreichisch-ungarischen Gesamtreiches entgegenstanden. Es gab also auf unserm parlamentarischen Gebiete außer der sozialdemokratischen Partei, deren Zustimmung überhaupt zu keiner Art von Regierungspolitik zu haben war, keinen Widerspruch gegen und sehr viel Vorliebe für das Bündnis mit Österreich.

Auch die Traditionen des Völkerrechts waren von den Zeiten des Römischen Reiches deutscher Nation und des Deutschen Bundes her theoretisch darauf zugeschnitten, daß zwischen dem gesamten Deutschland und der habsburgischen Monarchie eine staatsrechtliche Verbindung bestand, durch welche diese mitteleuropäischen Ländermassen theoretisch zum gegenseitigen Beistande verpflichtet erschienen. Praktisch allerdings ist ihre politische Zusammengehörigkeit in der Vorgeschichte nur selten zum Ausdruck gekommen; aber man konnte Europa und namentlich Rußland gegenüber mit Recht geltend machen, daß ein dauernder Bund zwischen Österreich und dem heutigen Deutschen Reiche völkerrechtlich nichts Neues sei ...

Auf der langen Fahrt von Gastein über Salzburg und Linz wurde mein Bewußtsein, daß ich mich auf rein deutschem Gebiete und unter deutscher Bevölkerung befand, durch die entgegenkommende Haltung des Publikums aus den Stationen vertieft. In Linz war die Masse so groß und ihre Stimmung so erregt, daß ich aus Besorgnis, in Wiener Kreisen Mißverständnisse zu erregen, die Vorhänge der Fenster meines Wagens vorzog, auf keine der wohlwollenden Kundgebungen reagierte und abfuhr, ohne mich gezeigt zu haben. In Wien fand ich eine ähnliche Stimmung in den Straßen, die Begrüßungen der dichtgedrängten Menge waren so zusammenhängend, daß ich, da ich in Zivil war, in die unbequeme Notwendigkeit geriet, die Fahrt zum Gasthofe so gut wie mit bloßem Kopfe zurückzulegen. Auch während der Tage, die ich in dem Gasthofe zubrachte, konnte ich mich nicht am Fenster zeigen, ohne freundliche Demonstrationen der dort Wartenden oder Vorübergehenden hervorzurufen. Diese Kundgebungen vermehrten sich, nachdem der Kaiser Franz Joseph mir die Ehre erzeigt hatte, mich zu besuchen. Alle diese Erscheinungen waren der unzweideutige Ausdruck des Wunsches der Bevölkerung der Hauptstadt und der durchreisten deutschen Provinzen, eine enge Freundschaft mit dem neuen Deutschen Reiche als Signatur der Zukunft beider Großmächte sich bilden zu sehn. Daß dieselben Sympathien im Deutschen Reiche, im Süden noch mehr als im Norden, bei den Konservativen mehr als bei der Opposition, im katholischen Westen mehr als im evangelischen Osten, der Blutsverwandtschaft entgegenkamen, war mir nicht zweifelhaft. Die angeblich konfessionellen Kämpfe des Dreißigjährigen Krieges, die einfach politischen des Siebenjährigen und die diplomatischen Rivalitäten vom Tode Friedrichs des Großen bis 1866 hatten das Gefühl dieser Verwandtschaft nicht erstickt, so sehr sonst der Deutsche auch geneigt ist, den Landsmann, wenn ihm Gelegenheit dazu geboten wird, mit mehr Eifer zu bekämpfen als den Ausländer. Es ist möglich, daß der slawische Keil, durch den in Gestalt der Tschechen die urdeutsche Bevölkerung der österreichischen Stammlande von den nordwestlichen Landsleuten getrennt ist, die Wirkungen, die nachbarliche Reibungen auf Deutsche gleichen Stammes, aber verschiedener dynastischer Angehörigkeit, auszuüben pflegen, abgeschwächt und das germanische Gefühl der Deutsch-Österreicher gekräftigt hat, das durch den Schutt, den historische Kämpfe hinterlassen, wohl verdeckt, aber nicht erstickt worden ist ...

Eine Erneuerung der Kaunitzschen Koalition wäre für Deutschland, wenn es in sich geschlossen einig bleibt und seine Kriege geschickt geführt werden, zwar keine verzweifelte, aber doch eine sehr ernste Konstellation, welche nach Möglichkeit zu verhüten Aufgabe unsrer auswärtigen Politik sein muß. Wenn die geeinte österreichischdeutsche Macht in der Festigkeit ihres Zusammenhangs und in der Einheitlichkeit ihrer Führung ebenso gesichert wäre wie die russische und die französische, jede für sich betrachtet, es sind, so würde ich, auch ohne daß Italien der Dritte im Bunde wäre, den gleichzeitigen Angriff unsrer beiden großen Nachbarreiche nicht für lebensgefährlich halten. Wenn aber in Österreich antideutsche Richtungen nationaler oder konfessioneller Natur sich stärker als bisher zeigen, wenn russische Versuchungen und Anerbietungen auf dem Gebiet der orientalischen Politik wie zur Zeit Katharinas und Josephs II. hinzutreten, wenn italienische Begehrlichkeiten Österreichs Besitz am Adriatischen Meere bedrohen und seine Streitkräfte in ähnlicher Weise wie zu Radetzkys Zeit in Anspruch nehmen sollten: dann würde der Kampf, dessen Möglichkeit mir vorschwebt, ungleicher sein. Es braucht nicht gesagt zu werden, wie viel gefährdeter Deutschlands Lage erscheint, wenn man sich auch Österreich, nach Herstellung der Monarchie in Frankreich, im Einverständnis beider mit der römischen Kurie, im Lager unsrer Gegner denkt mit dem Bestreben, die Ergebnisse von 1866 aus der Welt zu schaffen.

Diese pessimistische, aber doch nicht außer dem Bereich der Möglichkeit liegende und durch Vergangenes nicht ungerechtfertigte Vorstellung hatte mich veranlaßt, die Frage anzuregen, ob sich ein organischer Verband zwischen dem Deutschen Reiche und Österreich-Ungarn empföhle, der nicht wie gewöhnliche Verträge kündbar, sondern der Gesetzgebung beider Reiche einverleibt und nur durch einen neuen Akt der Gesetzgebung eines derselben lösbar wäre.

Eine solche Assekuranz hat für den Gedanken etwas Beruhigendes; ob auch im Drange der Ereignisse etwas Sicherstellendes, daran kann man zweifeln, wenn man sich erinnert, daß die theoretisch sehr viel stärker verpflichtende Verfassung des Heiligen Römischen Reiches den Zusammenhalt der deutschen Nation niemals hat sichern können, und daß wir nicht imstande sein würden, für unser Verhältnis zu Österreich einen Vertragsmodus zu finden, der in sich eine stärkere Bindekraft trüge als die frühern Bundesverträge, nach denen die Schlacht von Königgrätz theoretisch unmöglich war. Die Haltbarkeit aller Verträge zwischen Großstaaten ist eine bedingte, sobald sie „in dem Kampf ums Dasein" auf die Probe gestellt wird. Keine große Nation wird je zu bewegen sein, ihr Bestehen auf dem Altar der Vertragstreue zu opfern, wenn sie gezwungen ist, zwischen beiden zu wählen. Das ultra posse nemo obligatur kann durch keine Vertragsklausel außer Kraft gesetzt werden; und ebensowenig läßt sich durch einen Vertrag das Maß von Ernst und Kraftaufwand sicherstellen, mit dem die Erfüllung geleistet werden wird, sobald das eigne Interesse des Erfüllenden dem unterschriebenen Texte und seiner frühern Auslegung nicht mehr zur Seite steht. Es läßt sich daher, wenn in der europäischen Politik Wendungen eintreten, die für Österreich-Ungarn eine antideutsche Politik als Staatsrettung erscheinen lassen, eine Selbstaufopferung für die Vertragstreue ebensowenig erwarten, wie während des Krimkrieges die Einlösung einer Dankespflicht erfolgte, die vielleicht gewichtiger war als das Pergament eines Staatsvertrages.

Ein Bündnis unter gesetzlicher Bürgschaft wäre eine Verwirklichung der Verfassungsgedanken gewesen, die in der Paulskirche den gemäßigsten Mitgliedern, den Vertretern des engern reichsdeutschen und des größern österreichisch-deutschen Bundes vorschwebten; aber grade die vertragsmäßige Sicherstellung solcher gegenseitigen Verpflichtungen ist eine Feindin ihrer Haltbarkeit. Das Beispiel Österreichs aus der Zeit 1850–1866 ist mir eine Warnung gewesen, daß die politischen Wechsel, die man auf solche Verhältnisse zu ziehen in Versuchung kommt, über die Grenzen des Kredits hinausgehen, den unabhängige Staaten in ihren politischen Operationen einander gewähren können. Ich glaube deshalb, daß das wandelbare Element des politischen Interesses und seiner Gefahren ein unentbehrliches Unterfutter für geschriebene Verträge ist, wenn sie haltbar sein sollen. Für eine ruhige und erhaltende österreichische Politik ist das deutsche Bündnis das nützlichste.

Die Gefahren, die für unsre Einigkeit mit Österreich in den Versuchungen russisch-österreichischer Verständigungen im Sinne der Zeit von Joseph II. und Katharina oder der Reichstädter Konvention und ihrer Heimlichkeit liegen, lassen sich, soweit das überhaupt möglich ist, paralysieren, wenn wir zwar fest auf Treue gegen Österreich, aber auch darauf halten, daß der Weg von Berlin nach Petersburg frei bleibt. Unsre Aufgabe ist, unsre beiden kaiserlichen Nachbarn in Frieden zu erhalten. Die Zukunft der vierten großen Dynastie in Italien werden wir in demselben Maße sicherzustellen imstande sein, in dem es uns gelingt, die drei Kaiserreiche einig zu erhalten und den Ehrgeiz unsrer beiden östlichen Nachbarn entweder zu zügeln oder in beiderseitiger Verständigung zu befriedigen. Jeder von beiden ist für uns nicht nur in der europäischen Gleichgewichtsfrage unentbehrlich – wir könnten keinen von beiden missen, ohne selbst gefährdet zu werden – sondern die Erhaltung eines Elementes monarchischer Ordnung in Wien und Petersburg, und auf der Basis beider in Rom, ist für uns in Deutschland eine Aufgabe, die mit der Erhaltung der staatlichen Ordnung bei uns selbst zusammenfällt.

Der Vertrag, den wir mit Österreich zu gemeinsamer Abwehr eines russischen Angriffs geschlossen haben, ist publici juris. Ein analoger Defensivvertrag zwischen beiden Mächten gegenüber Frankreich ist nicht bekannt. Das deutsch-österreichische Bündnis enthält gegen einen französischen Krieg, von dem Deutschland in erster Linie bedroht ist, nicht dieselbe Deckung wie gegen einen russischen, der mehr für Österreich als für Deutschland wahrscheinlich ist. Zwischen Deutschland und Rußland existieren keine Verschiedenheiten der Interessen, welche die Keime von Konflikten und eines Bruches unabweisbar in sich trügen. Dagegen gewähren die übereinstimmenden Bedürfnisse in der polnischen Frage und die Nachwirkung der hergebrachten dynastischen Solidarität im Gegensatz zu den Umsturzbestrebungen Unterlagen für eine gemeinsame Politik beider Kabinette. Dieselben sind abgeschwächt worden durch eine zehnjährige Fälschung der öffentlichen Meinung seitens der russischen Presse, die in dem lesenden Teile der Bevölkerung einen künstlichen Haß gegen alles Deutsche geschaffen und genährt hat, mit dem die Dynastie rechnen muß, auch wenn der

Kaiser die deutsche Freundschaft pflegen will. Doch dürfte die Feindschaft der russischen Massen gegen das Deutschtum kaum schärfer zugespitzt sein wie die der Tschechen in Böhmen und Mähren, der Slowenen in dem frühern deutschen Bundesgebiete und der Polen in Galizien. Kurz, wenn ich in der Wahl zwischen dem russischen und dem österreichischen Bündnis das letztere vorgezogen habe, so bin ich keineswegs blind gewesen gegen die Zweifel, welche die Wahl erschwerten. Ich habe die Pflege nachbarlicher Beziehungen zu Rußland neben unserm defensiven Bunde mit Österreich nach wie vor für geboten angesehn, denn eine sichre Assekuranz gegen einen Schiffbruch der gewählten Kombination ist für Deutschland nicht vorhanden, wohl aber die Möglichkeit, antideutsche Velleitäten in Österreich-Ungarn in Schach zu halten, solange die deutsche Politik sich die Brücke, die nach Petersburg führt, nicht abbricht und keinen Riß zwischen Rußland und uns herstellt, der sich nicht überbrücken ließe. Solange ein solcher unheilbarer Riß nicht vorhanden ist, wird es für Wien möglich bleiben, die dem deutschen Bündnisse feindlichen oder fremden Elemente im Zaume zu halten. Wenn aber der Bruch zwischen uns und Rußland, schon die Entfremdung, unheilbar erschiene, würden auch in Wien die Ansprüche wachsen, die man an die Dienste des deutschen Bundesgenossen glauben würde stellen zu können, erstens in Erweiterung des casus foederis, der sich bisher nach dem veröffentlichten Texte doch nur auf die Abwehr eines russischen Angriffes auf Österreich erstreckt, und zweitens in dem Verlangen, dem bezeichneten casus foederis die Vertretung österreichischer Interessen im Balkan und im Orient zu substituieren, was selbst in unsrer Presse schon mit Erfolg versucht worden ist. Es ist natürlich, daß die Bewohner des Donaubeckens Bedürfnisse und Pläne haben, die sich über die heutigen Grenzen der österreichisch-ungarischen Monarchie hinaus erstrecken; und die deutsche Reichsverfassung zeigt den Weg an, auf dem Österreich eine Versöhnung der politischen und materiellen Interessen erreichen kann, die zwischen der Ostgrenze des rumänischen Volksstammes und der Bucht von Cattaro vorhanden sind. Aber es ist nicht die Aufgabe des

Deutschen Reiches, seine Untertanen mit Gut und Blut zur Verwirklichung von nachbarlichen Wünschen herzuleihen. Die Erhaltung der österreichisch-ungarischen Monarchie als einer unabhängigen starken Großmacht ist für Deutschland ein Bedürfnis des Gleichgewichts in Europa, für das der Friede des Landes bei eintretender Notwendigkeit mit gutem Gewissen eingesetzt werden kann. Man sollte sich jedoch in Wien enthalten, über diese Assekuranz hinaus Ansprüche aus dem Bündnisse ableiten zu wollen, für die es nicht geschlossen ist ...

Niemand kann die Zukunft Österreichs an sich mit der Sicherheit berechnen, die für dauernde und organische Verträge erforderlich ist. Die bei Gestaltung derselben mitwirkenden Faktoren sind ebenso mannigfaltig wie die Völkermischung; und zu der ätzenden und gelegentlich sprengenden Wirkung dieser kommt der unberechenbare Einfluß, den je nach dem Steigen oder Fallen der römischen Flut das konfessionelle Element auf die leitenden Persönlichkeiten auszuüben vermag. Nicht bloß der Panslawismus und Bulgarien oder Bosnien, sondern auch die serbische, die rumänische, die polnische, die tschechische Frage, ja selbst noch heut die italienische im Trentino, in Triest und an der dalmatischen Küste, können zu Kristallisationspunkten für nicht bloß österreichische, sondern auch europäische Krisen werden, von denen die deutschen Interessen nur insoweit nachweislich berührt werden, als das Deutsche Reich mit Österreich in ein solidarisches Haftverhältnis tritt. In Böhmen ist die Spaltung zwischen Deutschen und Tschechen stellenweis schon so weit in die Armee eingedrungen, daß die Offiziere beider Nationalitäten in einigen Regimentern nicht miteinander verkehren und getrennt essen. Für Deutschland unmittelbar existiert die Gefahr, in schwere und gefährliche Kämpfe verwickelt zu werden, mehr auf seiner Westseite infolge der angriffslustigen, auf Eroberung gerichteten Neigungen des französischen Volks, die von den Monarchen seit den Zeiten Kaiser Karls V. im Interesse ihrer Herrschsucht im Innern sowohl wie nach außen großgezogen worden sind.

Der Beistand Österreichs ist für uns gegen Rußland leichter zu haben als gegen Frankreich, nachdem die Friktionen dieser beiden Mächte in dem von ihnen umworbenen Italien in der alten Form nicht mehr existieren. Für ein monarchisches und katholisch gesinntes Frankreich, wenn ein solches wieder erstanden, wäre die Hoffnung nicht erstorben, ähnliche Beziehungen zu Österreich wieder zu gewinnen, wie sie während des Siebenjährigen Krieges und auf dem Wiener Kongreß vor der Rückkehr Napoleons von Elba bestanden, in der polnischen Frage 1863 drohten, im Krimkriege und zur Zeit des Grafen Beust von 1866 bis 1870 in Salzburg und Wien Aussicht auf Verwirklichung hatten. Bei etwaiger Wiederherstellung der Monarchie in Frankreich würde die durch die italienische Rivalität nicht mehr abgeschwächte gegenseitige Anziehung der beiden katholischen Großmächte unternehmende Politiker in Versuchung führen können, mit der Wiederbelebung derselben zu experimentieren.

In der Beurteilung Österreichs ist es auch heut noch ein Irrtum, die Möglichkeit einer feindseligen Politik auszuschließen, wie sie von Thugut, Schwarzenberg, Buol, Bach und Beust getrieben worden ist. Kann sich nicht die Politik für Pflicht gehaltner Undankbarkeit, deren Schwarzenberg sich Rußland gegenüber rühmte, in andrer Richtung wiederholen, die Politik, die uns von 1792 bis 1795, während wir mit Österreich im Felde standen, Verlegenheit bereitete und im Stiche ließ, um uns gegenüber in den polnischen Handeln stark genug zu bleiben, die bis dicht an den Erfolg bestrebt war, uns einen russischen Krieg auf den Hals zu ziehen, während wir als nominelle Verbündete für das Deutsche Reich gegen Frankreich fochten, die sich auf dem Wiener Kongreß bis nahe zum Kriege zwischen Rußland und Preußen geltend machte? Die Anwandlungen, ähnliche Wege einzuschlagen, werden für seht durch die persönliche Ehrlichkeit und Treue des Kaisers Franz Joseph niedergehalten, und dieser Monarch ist nicht mehr so jung und ohne Erfahrung, wie zu der Zeit, da er sich von der persönlichen Ranküne des Grafen Buol gegen den Kaiser Nikolaus zum politischen Druck auf Rußland bestimmen ließ, wenig Jahre nach Vilagos; aber seine Garantie ist eine rein persönliche, fällt mit dem Personenwechsel hinweg, und die Elemente, die die Träger einer rivalisierenden Politik zu verschiedenen Epochen gewesen sind, können zu neuem Einflüsse gelangen. Die Liebe der galizischen Polen, des ultramontanen Klerus für das Deutsche Reich ist vorübergehender und opportunistischer Natur, ebenso das Übergewicht der Einsicht in die Nützlichkeit der deutschen Anlehnung über das Gefühl der Geringschätzung, mit dem der vollblütige Magyar auf den Schwaben herabsieht. In Ungarn, in Polen sind französische Sympathien auch heut lebendig, und im Klerus der habsburgischen Gesamtmonarchie würde eine katholisch-monarchische Restauration in Frankreich die Beziehungen wieder beleben können, die 1863 und zwischen 1866 und 1870 in gemeinsamer Diplomatie und in mehr oder weniger reifen Vertragsbildungen ihren Ausdruck fanden. Die Bürgschaft, die diesen Möglichkeiten gegenüber in der Person des heutigen Kaisers von Österreich und Königs von Ungarn liegt, steht wie gesagt auf zwei Augen; eine voraussehende Politik soll aber alle Eventualitäten im Auge behalten, die im Reiche der Möglichkeit liegen. Die Möglichkeit eines Wettbewerbes zwischen Wien und Berlin um russische Freundschaft kann ebensogut wiederkommen, wie sie zur Zeit von Olmütz vorhanden war und zur Zeit des Reichstadter Vertrages unter dem uns sehr wohlgesinnten Grafen Andrássy Lebenszeichen gab.

Dieser Eventualität gegenüber ist es ein Vorteil für uns, daß Österreich und Rußland entgegengesetzte Interessen im Balkan haben und daß solche zwischen Rußland und Preußen-Deutschland nicht in der Stärke vorhanden sind, daß sie zu Bruch und Kampf Anlaß geben könnten. Dieser Vorteil kann aber vermöge der russischen Staatsverfassung durch persönliche Verstimmungen und ungeschickte Politik noch heut mit derselben Leichtigkeit aufgehoben werden, mit der die Kaiserin Elisabeth durch Witze und bittre Worte Friedrichs des Großen bewogen wurde, dem französisch-österreichischen Bunde gegen uns beizutreten. Zuträgereien, wie sie damals zur Aufhetzung Rußlands dienten, Erfindungen und Indiskretionen werden auch heut an beiden

Höfen nicht fehlen; aber wir können Unabhängigkeit und Würde Rußland gegenüber wahren, ohne die russische Empfindlichkeit zu provozieren und Rußlands Interessen zu schädigen. Verstimmung und Erbitterung, welche ohne Notwendigkeit provoziert werden, sind heut so wenig ohne Rückwirkung auf die geschichtlichen Ereignisse, wie zur Zeit der Kaiserin Elisabeth von Rußland und der Königin Anna von England. Aber die Rückwirkung von Ereignissen, die dadurch gefördert werden, auf das Wohl und die Zukunft der Völker ist heutzutage gewaltiger als vor 100 Jahren. Eine Koalition wie im Siebenjährigen Kriege gegen Preußen von Rußland, Österreich und Frankreich, vielleicht in Verbindung mit andren dynastischen Unzufriedenheiten, ist für unsre Existenz ebenso gefährlich und für unsern Wohlstand, wenn sie siegt, noch erdrückender als die damalige. Es ist unvernünftig und ruchlos, die Brücke, die uns eine Annäherung an Rußland gestattet, aus persönlicher Verstimmung abzubrechen.

Wir müssen und können der österreichisch-ungarischen Monarchie das Bündnis ehrlich halten; es entspricht unsern Interessen, den historischen Traditionen Deutschlands und der öffentlichen Meinung unsres Volkes. Die Eindrücke und Kräfte, unter denen die Zukunft der Wiener Politik sich zu gestalten haben wird, sind jedoch komplizierter als bei uns, wegen der Mannigfaltigkeit der Nationalitäten, der Divergenz ihrer Bestrebungen, der klerikalen Einflüsse und der in den Breiten des Balkan und des Schwarzen Meeres für die Donauländer liegenden Versuchungen. Wir dürfen Österreich nicht verlassen, aber auch die Möglichkeit, daß wir von der Wiener Politik freiwillig oder unfreiwillig verlassen werden, nicht aus dem Auge verlieren. Die Möglichkeiten, die uns in solchen Fällen offenbleiben, muß die Leitung der deutschen Politik, wenn sie ihre Pflicht tun will, sich klarmachen und gegenwärtig halten, bevor sie eintreten, und sie dürfen nicht von Vorliebe oder Verstimmung abhängen, sondern nur von objektiver Erwägung der nationalen Interessen.

Aus: „Gedanken und Erinnerungen" II. Band „Der Norddeutsche Bund"'

... Die geschickte und ehrliche Politik der beiden letzten sächsischen Könige hat diese Konzessionen gerechtfertigt, namentlich solange es gelingt, die bestehende preußisch-österreichische Freundschaft zu erhalten. Es ist in den geschichtlichen und konfessionellen Traditionen, in der menschlichen Natur und speziell in den fürstlichen Überlieferungen begründet, daß der enge Bund zwischen Preußen und Österreich, der 1879 geschlossen wurde, auf Bayern und Sachsen einen konzentrierenden Druck ausübt, um so stärker, je mehr das deutsche Element in Österreich, vornehm und gering, seine Beziehungen zur habsburgischen Dynastie zu pflegen weiß. Die parlamentarischen Exzesse des deutschen Elements in Österreich und deren schließliche Wirkung auf die dynastische Politik drohten nach dieser Richtung hin das Gewicht des deutschnationalen Elementes nicht nur in Österreich abzuschwächen. Die doktrinären Mißgriffe der parlamentarischen Fraktionen sind den Bestrebungen politisierender Frauen und Priester in der Regel günstig.

Erinnerungen an Bismarck von Mitarbeitern und Freunden. K. A. v. Müller

Beiträge zur äußeren Politik Bismarcks in den achtziger Jahren

(Schon im November 1879 befürwortete Baron Haymerle, der Nachfolger Andrássys, eine deutsch-österreichische Unterstützung der antirussischen englischen Orientpolitik.) „Wir haben ausschließlich die defensive Sicherstellung des Friedens und der Unabhängigkeit beider Reiche gegen russische Angriffe im Sinn gehabt," stellte Bismarck dagegen fest, „aber durchaus nicht die Unterstützung irgendwelcher Politik im Orient. Unsere Sympathie für die englische Politik daselbst wird natürlich in dem Maße wachsen, in welchem sich letztere als friedliebend, die russische aber als gefährlich für den Frieden Europas erweist. Aber die Übertragung dieser Sympathie auf unser defensives Bündnis würde das letztere in Gefahr bringen, sich in eine aggressive Koalition zugunsten der Politik des Herrn Layard und anderer Heißsporne zu verwandeln. Für die Unterstützung der englischen Politik im Orient einen Blankowechsel auszustellen, bevor wir dieselbe kennen, würde ich für sehr unvorsichtig halten."

„ ... Österreich muß abwarten, daß Rußland jemand andern angreift oder Österreich direkt; nicht auf Symptome und auf Befürchtungen hin angreifen. Die Türken sitzen still, wenn sie nicht angegriffen werden." (1883.)

Er begreife die Verstimmungen, die in Wien über Rußlands schwankendes Vorgehen herrschten, ließ er im Frühjahr 1884 nach Österreich schreiben, und halte sie für berechtigt. Aber er habe kein Verständnis dafür, daß man in einer rein politischen Frage eine Verstimmung mitreden lasse, wenn der Urheber derselben etwas dem Verstimmten Nützliches beginnen wolle. Er könne sich nicht denken, daß Graf Kalnoky auf das System, die Regelung der orientalischen Verhältnisse auf dem Wege redlicher Politik unter geschickter und abwartender Benutzung der Umstände zu suchen, verzichten und es aufgeben sollte, den Kaiser Alexander durch unschädliche Gefälligkeiten in der Bahn zu erhalten, welche die russische Politik neuerlich betreten habe. Er könne sich wohl die Möglichkeit denken, daß der österreichischen Politik für eine entferntere Zukunft weitere Ziele vorschwebten, als die jetzt im Einverständnis mit Rußland erreichbaren. Dies könnte aber doch nur für eine spätere, durch bestehende Verabredungen nicht gedeckte Zeit sein und könnte durch kleine Fragen, wie sie damals vorlagen, kaum berührt werden. Auch Rußland sei auf der andern Seite verstimmt über die eben beendete Balkanreise des österreichischen Kronprinzen und deren günstigen Verlauf. Er empfehle, beide Empfindungen im Interesse des Friedens zu kompensieren ...

... Um einen solchen Bruch zu verhüten, schlug er eine „Demarkationslinie" vor, die den Balkan in ein russisches und ein österreichisches Interessengebiet teilen sollte, mit Bulgarien auf der einen, Serbien und Bosnien auf der andern Seite. Der geringe Anklang, den dieser Vorschlag in Wien und Petersburg fand, beirrte ihn nicht. „Für uns und unsere Politik ist die Existenz der Demarkationslinie fait accompli, und wir richten unsere Haltung und Beurteilung so ein, als ob die Abgrenzung stattgefunden hätte, d. h. wir überlassen Rußland, in Bulgarien zu tun, was es will, ohne deutsche Gegenwirkung und vice versa Österreich in Serbien und Bosnien." (1885.)

„ ... Die untere Donau ist das Schloß der ungarischen Donau und Österreich deshalb berechtigt, an der Behandlung des Schlüssels Anteil zu nehmen." (1885.)

„ ... Österreichs Hauptsicherheit für unsere ehrliche Auslegung des Casus foederis liegt nicht in Klauseln und Worttexten, sondern in der unzweifelhaften Tatsache, daß die ungeschwächte Existenz Österreichs ein Lebensbedürfnis für uns und für das europäische Gleichgewicht ist ... Eine genauere Präzisierung des Vertrags ist unmöglich; der Text des Vertrages präzisiert so genau wie möglich, solange man keine sichere Sehergabe für die zukünftigen Ereignisse besitzt ... Das ist eine Zirkelquadratur, definitiv nicht klarzustellen, und durch keinen Vertragstext theoretisch lösbar, sobald man nicht der Bona fides des Verbündeten mehr vertraut als dem Wortlaut der Klauseln." ... (1886.)

„Unser Bündnis ist eine Assekuranz, aber keine Erwerbsgenossenschaft auf Gewinn." ... (1886.)

„Ein prohibitiver Krieg heißt, das Übel des Krieges vorwegnehmen, unabhängig von der Frage, ob die Schritte Rußlands, gegen die er sich richtet, wirklich die gefürchteten Folgen haben werden. Ein repressiver Krieg tritt aber nur dann ein, wenn diese befürchteten Folgen russischer Politik Wirklichkeit geworden sind. Das kann durch Ereignisse aller Art sich anders wenden, als man vorher befürchtet hat; außerdem aber ist der repressive Krieg, wenn er wirklich notwendig wird, für

Österreich in einer strategisch günstigeren Stellung zu führen – im Balkan, der präventive aber in Galizien, mit der russischen Gesamtfront nach Wien." (1886.)

„... Aufgabe Österreichs wird es sein, die Russen in der Richtung von Stambul zu ermutigen, und dann erst zu deployieren." (November 1886.) Handle Österreich anders, so setze es sich unnötig für die Interessen Englands aus, das freilich gern den Schutz der Türkei in erster Linie den Österreichern zuschiebe. Der richtige Gegenzug der österreichischen Diplomatie wäre, den Engländern entweder die Gleichgültigkeit Österreichs bezüglich Stambuls oder die Leichtigkeit der Verständigung hierüber mit Rußland glaubhaft zu machen. Durch einen Einmarsch in Bulgarien werde Rußland erst für Österreich angreifbar, wenn der Russe schon in Bulgarien stehe, habe man ihn dort „in der Schere".

Erinnerungen an Bismarck. Aufzeichnungen von Mitarbeitern und Freunden. Dr. E. Kohen

4. Juni 1882 ... .Die Sachsen in Siebenbürgen dauerten ihn, aber das Reich könne ihnen nicht helfen. Ungarn bildet für uns eine wichtige Mauer gegen die Slawen, da die letzteren noch viel mehr dort gehaßt werden als die Deutschen.

13. Oktober 1883. Sehr heiter und gesprächig, zeigte Teilnahme für die Siebenbürger Deutschen, über die ich berichtete, meinte, daß die Kroatenkrawalle jetzt den Deutschen viel nützen werden. – Rumänien hält er auch für eine Gefahr für Österreich, nennt es einen groben politischen Fehler, daß Österreich damals der Vereinigung von Moldau und Walachei zugestimmt habe.

Aus einer Reichstagsrede gehalten am 14. Juni 1882

... Sehen Sie sich doch weiter um, bei dem uns so eng befreundeten Österreich-Ungarn – ist es denn da leichter geworden, mit den Parlamenten zu regieren? Die sogenannten „Herbstzeitlosen" unter den Deutschen in Österreich haben der Regierung die Möglichkeit, mit den Deutschen zu gehen, ruiniert, aus denselben Gründen, aus denen ich vorgestern behauptete, daß eine Parteiregierung bei uns unmöglich ist: einmal, weil auch dort die Partei nicht stark genug war, und dann, weil jede Partei stets unter dem Eindruck der Fortentwicklung ihrer Parteirichtung steht. Diese Fortentwicklung findet notwendig in der Richtung ihres Extrems statt, das weitere Fortschreiten erfolgt in der Richtung, der die Partei überhaupt angehört. Eine konservative Partei wird der Gefahr der Reaktion immer unterworfen sein, wenn sie länger regiert; es wird sich immer einer finden, der noch in konservativerer Richtung weitergehende Theorien aufstellt, und für die er, wie für alle Extreme, leicht die Menge der Parteiwähler gewinnt. Dasselbe ist in der liberalen Partei der Fall, da wird immer einer den andern überbieten im Liberalismus – so ist es in Frankreich gegangen seit 1789, so ist es in England gegangen seit der Reform –, und der Überbotene wird immer unrecht bekommen, und die Neuwahlen brauchen gar nicht mit Kaukus bearbeitet zu werden, wie bei uns und in England, sie werden von selbst sich schon dem, der mehr als der Frühere auf die Regierung schimpft, zuwenden, und auf diese Weise wird jede Partei – und so ist es auch der deutschen Partei in Österreich, in Zisleithanien ergangen – durch die Maßlosigkeit doktrinärer Forderungen der extremen Parteigenossen schließlich in die bedauerliche Lage kommen, daß sie die Dynastie nötigt, sich mehr an andere Parteien und Elemente anzulehnen im Interesse ihrer Erhaltung – eine Dynastie, die in Österreich nach ihren ganzen Traditionen, ohne irgendeine Nationalität zu bevorzugen, ursprünglich doch in den Deutschen das ihr zunächst zur Hand liegende Instrument zur Regierung des gesamten Reiches sehen mußte.

Ich bitte Sie, meine Herren, sich das Beispiel der Herbstschen Partei in Österreich – der „Herbstzeitlosen" nenne ich sie, weil sie nie etwas zur rechten Zeit getan – sich doch einigermaßen zu Herzen zu nehmen, wohin eine Parteitaktik führt, in der jeder Führer von morgen den Führer von heute überbietet, nachdem der Führer von heute den Führer von gestern durch Übergebot schon ruiniert hat ...

Aus den Reichstagsreden von 1886–87 11. Januar 1887

... Unsere Aufgabe haben wir zuerst darin erkannt, die Staaten, mit denen wir Krieg geführt hatten, nach Möglichkeit zu versöhnen. Es ist uns dies vollständig gelungen mit Österreich. Die Absicht und das Bedürfnis, dahin zu gelangen, beherrschten bereits die Friedensverhandlungen in Nikolsburg im Jahre 1866, und es hat uns seitdem nie das Bestreben verlassen, die Anlehnung an Österreich wieder zu gewinnen, die wir 1866 nur scheinbar und buchstäblich hatten, die wir jetzt in der Wirklichkeit vollständig besitzen. Wir stehen mit Österreich in einem so sicheren und vertrauensvollen Verhältnisse, wie es weder im Deutschen Bunde trotz aller geschriebenen Verträge, noch früher im Heiligen Römischen Reiche jemals der Fall gewesen ist, nachdem wir uns über alle Fragen, die zwischen uns seit Jahrhunderten streitig gewesen sind, in gegenseitigem Vertrauen und gegenseitigem Wohlwollen auseinandergesetzt haben.

... Der Herr Abgeordnete (Rickert) hätte gewünscht, daß die deutsche Politik ganz und voll mit Österreich ginge; er hat das nachher nach der Richtung noch erläutert, daß wir uns um die orientalische Frage mehr interessieren sollten, als wir bisher getan haben. Meine Herren, unsere Beziehungen zu Österreich beruhen auf dem Bewußtsein eines jeden von uns, daß die volle großmächtliche Existenz des andern eine Notwendigkeit für den einen ist, im Interesse des europäischen Gleichgewichts; aber sie beruhen nicht auf der Grundlage, wie man es im ungarischen Parlament unter Umständen ausgelegt hat, daß eine von beiden Nationen sich und ihre ganze Macht und Politik vollständig in den Dienst der anderen stellen kann. Das ist unmöglich. Es gibt spezifisch österreichische Interessen, für die wir uns nicht einsetzen können; es gibt spezifisch deutsche Interessen, für die Österreich sich nicht einsetzen kann. Österreich hat das Interesse, daß Deutschland als große, volle und starke Macht erhalten bleibt; Deutschland hat dasselbe Interesse in bezug auf Österreich; aber wir können uns nicht unsere Sonderinteressen gegenseitig aneignen. Wir haben von Österreich niemals verlangt und haben auch keinen Anspruch darauf, daß es sich in unsere Händel mit Frankreich mische. Wenn wir Schwierigkeiten haben mit England in Kolonialfragen, oder wenn wir mit Spanien über Lumpereien wie die Karolinen in Händel kommen, haben wir nie an Österreich einen Anspruch gemacht auf Grund unseres freundschaftlichen Verhältnisses. Soweit es sich um unsere beiderseitige Existenz als volle, freie und mächtige Großstaaten handelt, so weit vertreten wir gegenseitige Interessen. Aber was Österreich in Konstantinopel für Interessen hat, das wird Österreich allein zu beurteilen haben; wir haben dort keine – ich wiederhole das. Wenn der Herr Abgeordnete Windthorst einmal mein Nachfolger sein wird, dann wird er ja entscheiden können, daß wir in Konstantinopel Interessen haben, die uns unter Umständen einen so schweren Krieg, wie den mit unserem zweihundertmeiligen Grenznachbar Rußland, ertragen lassen können; wir hätten nachher doch dafür die Genugtuung, daß am Bosporus das Regime herrschte, das wir gewollt und gewünscht haben; dafür können wir schon ein paar hunderttausend Menschen und ein paar Milliarden opfern! Denn, glauben Sie doch nicht, daß, wenn man solche Politik einmal falsch instradiert, man auf jeder Station umkehren kann; das ist nicht möglich. Wenn wir einmal das gegenseitige Mißtrauen erwecken, dann geht es auch, wenn keiner von beiden sich blamieren will, unaufhaltsam vorwärts. Die Politik zweier Großstaaten nebeneinander kann man vergleichen mit der Lage zweier Reisenden, die einander nicht kennen, in einem wüsten Walde, von denen keiner dem anderen vollständig traut; wenn der eine die Hand in die Tasche steckt, dann spannt der andere schon seinen Revolver, und wenn er den Hahn des ersten knacken hört, feuert er schon. So ist es bei den Mächten, von denen jede Einfluß auf die Entscheidungen der anderen hat; da muß man das erste Mißtrauen und die erste Verstimmung der anderen sehr sorgfältig vermeiden, wenn man die Freundschaft bewahren will. Das alles wird der Herr Vorredner besser wissen als ich, wie ich überhaupt bedaure, daß er den Platz, den ich einnehme, nicht einnimmt; aber ich kann gegen den Willen des Kaisers nicht aufkommen.

Die Reichstagsrede vom 6. Februar 1888

... Wenn ich sage, wir müssen dauernd bestrebt sein, allen Eventualitäten gewachsen zu sein, so erhebe ich damit den Anspruch, daß wir noch größere Anstrengungen machen müssen, als andere Mächte zu gleichen Zwecken, wegen unserer geographischen Lage. Wir liegen mitten in Europa. Wir haben mindestens drei Angriffsfronten. Frankreich hat nur seine östliche Grenze, Rußland nur seine westliche Grenze, auf der es angegriffen werden kann. Wir sind außerdem der Gefahr der Koalition nach der ganzen Entwicklung der Weltgeschichte, nach unserer geographischen Lage und nach dem vielleicht minderen Zusammenhang, den die deutsche Nation bisher in sich gehabt hat im Vergleich mit anderen, mehr ausgesetzt als irgendein anderes Volk. Gott hat uns in eine Situation gesetzt, in welcher wir durch unsere Nachbarn daran verhindert werden, irgendwie in Trägheit oder Versumpfung zu geraten. Er hat uns die kriegerischste und unruhigste Nation, die Franzosen, an die Seite gesetzt, und er hat in Rußland kriegerische Neigungen groß werden lassen, die in früheren Jahrhunderten nicht in dem Maße vorhanden waren. So bekommen wir gewissermaßen von beiden Seiten die Sporen und werden zu einer Anstrengung gezwungen, die wir vielleicht sonst nicht machen würden. Die Hechte im europäischen Karpfenteich hindern uns, Karpfen zu werden, indem sie uns ihre Stacheln in unseren beiden Flanken fühlen lassen; sie zwingen uns zu einer Anstrengung, die wir freiwillig vielleicht nicht leisten würden, sie zwingen uns auch zu einem Zusammenhalten unter uns Deutschen, das unserer innersten Natur widerstrebt; sonst streben wir lieber auseinander. Aber die französisch-russische Presse, zwischen die wir genommen werden, zwingt uns zum Zusammenhalten und wird unsere Kohäsionsfähigkeit auch durch Zusammendrücken erheblich steigern, so daß wir in dieselbe Lage der Unzerreißbarkeit kommen, die fast allen anderen Nationen eigentümlich ist und die uns bis jetzt noch fehlt. Wir müssen dieser Bestimmung der Vorsehung aber auch entsprechen, indem wir uns so stark machen, daß die Hechte uns nicht mehr tun, als uns ermuntern.

Wir hatten ja früher in den Zeiten der Heiligen Allianz – mir fällt ein altes amerikanisches Lied dabei ein, welches ich von meinem verstorbenen Freunde Motley gelernt habe; es sagt: In good old colonial times, when we lived under a king –, nun, das waren eben patriarchalische Zeiten, da hatten wir eine Menge Geländer, an denen wir uns halten konnten, und eine Menge Deiche, die uns vor den wilden europäischen Fluten schützten. Da war der Deutsche Bund, und die eigentliche Stütze und Fortsetzung und Vollendung des Deutschen Bundes, zu deren Dienst er gemacht, war die Heilige Allianz. Wir hatten Anlehnung an Rußland und Österreich, und vor allen Dingen: wir hatten die Garantie der eigenen Schüchternheit, daß wir niemals eine Meinung äußerten, bevor die anderen gesprochen hatten. Das alles ist uns abhanden gekommen; wir müssen uns selber helfen. Die Heilige Allianz hat Schiffbruch erlitten im Krimkriege – nicht durch unsere Schuld. Der Deutsche Bund ist durch uns zerstört worden, weil die Existenz, die man uns in ihm machte, weder für uns noch für das deutsche Volk auf die Dauer erträglich war. Beide sind aus der Welt geschieden. Nach Auflösung des Deutschen Bundes, nach dem Kriege von 1866, wäre also für das damalige Preußen oder Norddeutschland eine Isolierung eingetreten, wenn wir darauf hätten rechnen müssen, daß man uns von keiner Seite die neuen Erfolge, die großen Erfolge, die wir errungen hatten, verzeihen würde; gern sind die Erfolge des Nachbarn von der anderen Macht niemals gesehen.

Unsere Beziehungen zu Rußland waren aber durch das Erlebnis von 1866 nicht gestört. Anno 66 war die Erinnerung an die Politik des Grafen Buol, an die Politik Österreichs während des Krimkrieges in Rußland noch zu frisch, um dort den Gedanken aufkommen zu lassen, daß man der österreichischen Monarchie gegen den preußischen Angriff beistehen, daß man den Feldzug erneuern könne, den der Kaiser Nikolaus im Jahre 1849 für Österreich geführt hatte.

Für uns blieb deshalb die natürlichste Anlehnung immer noch die russische, die abgesehen vom vorigen, in diesem Jahrhundert ihren sehr berechtigten Ursprung in der Politik des Kaisers Alexander I. genommen hat. Ihm war Preußen in der Tat Dank schuldig. Er konnte 1813 an der polnischen Grenze ebensogut umkehren und Frieden schließen; er konnte später Preußen fallen lassen. Damals haben wir in der Tat die Herstellung auf dem alten Fuß wesentlich dem Wohlwollen des Kaisers Alexander I. oder – wenn Sie skeptisch sein wollen – sagen Sie, der russischen Politik, wie sie Preußen brauchte, zu danken gehabt.

Diese Dankbarkeit hat die Regierungszeit Friedrich Wilhelms III. beherrscht. Das Saldo, welches Rußland im preußischen Konto hatte, ist durch die Freundschaft, ich kann fast sagen, durch die Dienstbarkeit Preußens während der ganzen Regierungszeit des Kaisers Nikolaus ausgenützt und in Olmütz, kann ich sagen, getilgt worden. In Olmütz nahm der Kaiser Nikolaus nicht für Preußen Partei, schützte uns nicht einmal vor üblen Erfahrungen, vor gewissen Demütigungen, wie der Kaiser Nikolaus überhaupt doch im ganzen mehr Vorliebe für Österreich als für Preußen hatte; der Gedanke, daß wir Rußland während seiner Regierung irgendwelchen Dank schuldig wären, ist eine historische Legende.

Wir haben aber, solange der Kaiser Nikolaus lebte, unsererseits doch die Tradition Rußland gegenüber nicht gebrochen; wir haben im Krimkriege, wie ich vorher schon erzählte, unter erheblichen Gefahren und Bedrohungen festgehalten an der russischen Aufgabe. Se. Majestät der hochselige König hatte keine Neigung – was damals, wie ich glaube, möglich gewesen wäre – mit einer starken Truppenaufstellung eine entscheidende Rolle in dem Kriege zu spielen. Wir hatten Verträge geschlossen, nach denen wir verpflichtet waren, zu einer gewissen Zeit 100 000 Mann aufzustellen. Ich schlug Sr. Majestät damals vor: ‚Stellen wir nicht 100 000, sondern 200 000 Mann auf, und stellen wir sie à cheval auf, so daß wir sie nach rechts und links gebrauchen können; so sind Ew. Majestät heute der entscheidende Richter des Krimkrieges Ihrerseits'. Indessen der hochselige König war für kriegerische Unternehmungen nicht geneigt, und das Volk kann ihm dafür nur dankbar sein. Ich war damals jünger und unerfahrener, als ich heutigen Tages bin. Indessen haben wir immerhin für Olmütz keine Ranküne getragen während des Krimkrieges; wir kamen aus dem Krimkriege als Freunde Rußlands heraus, und ich habe in der Zeit, wo ich Gesandter in Petersburg war, die Frucht dieser Freundschaft durch eine sehr wohlwollende Aufnahme am Hof und in der Gesellschaft genießen können. Auch unsere Parteinahme für Österreich im italienischen Kriege war nicht nach dem Geschmack des russischen Kabinetts, aber sie hatte keine nachteilige Rückwirkung. Unser Krieg 1866 wurde eher mit einer gewissen Genugtuung gesehen; man gönnte den Österreichern das damals in Rußland. Im Jahre 1870, in unserem französischen Kriege, hatten wir wenigstens noch die Satisfaktion, gleichzeitig mit unserer Verteidigung und siegreichen Abwehr dem russischen Freunde einen Dienst im Schwarzen Meere erweisen zu können. Es wäre die Freigebung des Schwarzen Meeres durch die Kontrahenten keineswegs wahrscheinlich gewesen, wenn nicht die deutschen Truppen siegreich in der Nähe von Paris gestanden hätten. Wenn sie zum Beispiel geschlagen wären, so glaube ich, wäre der Abschluß des damaligen Londoner Abkommens zugunsten Rußlands so leicht nicht gewesen. Also auch der Krieg von Anno 70 hinterließ keine Verstimmung zwischen uns und Rußland.

Ich führe diese Tatsachen an, um Ihnen die Genesis des Vertrags mit Österreich darzulegen, der vor wenig Tagen publiziert worden ist, und um die Politik Sr. Majestät gegen den Vorwurf zu rechtfertigen, daß sie die Kriegsmöglichkeiten für das Deutsche Reich erweitert hätte durch Hinzufügung derjenigen, welche Österreich ohne sein Verschulden betreffen könnte. Ich bin deshalb im Begriff, Ihnen zu schildern, wie es kam, daß die von mir persönlich stets mit Vorliebe gepflegten traditionellen Beziehungen zwischen uns und Rußland sich so gestalteten, daß wir zum Abschluß des vorgestern publizierten Vertrages veranlaßt wurden.

Die ersten Jahre nach dem Französischen Kriege vergingen noch im besten Einverständnis; im Jahre 1875 trat zuerst eine Neigung meines russischen Kollegen, des Fürsten Gortschakow, zutage, sich mehr um Popularität in Frankreich als bei uns zu bemühen und gewisse künstlich herbeigeführte Konstellationen dazu zu benutzen, um der Welt durch ein hinzugefügtes Telegramm glauben zu machen, als hätten wir 1875 irgendeinen entfernten Gedanken daran gehabt, Frankreich zu überfallen, und als wäre es das Verdienst des Fürsten Gortschakow, Frankreich aus dieser Gefahr errettet zu haben. Das war das erste Befremden, welches zwischen uns auftrat und welches mich zu einer lebhaften Aussprache mit meinem früheren Freunde und späteren Kollegen veranlaßte. Demnächst und gleichzeitig hatten wir immer noch die Aufgabe festgehalten, den Frieden zwischen den drei Kaisern festgehalten, die Beziehungen fortzusetzen, die zuerst eingeleitet waren durch den Besuch der Kaiser von Rußland und von Österreich 1872 hier in Berlin und durch die darauf folgenden Gegenbesuche. Es war uns das auch gelungen. Erst 1876 vor dem türkischen Kriege traten uns gewisse Nötigungen zu einer Option zwischen Rußland und Österreich entgegen, die von uns abgelehnt wurden. Ich halte nicht für nützlich, in die Details darüber einzugehen; sie werden mit der Zeit auch einmal bekannt werden. Es hatte unsere Ablehnung die Folge, daß Rußland sich direkt nach Wien wandte und daß ein Abkommen – ich glaube, es war im Januar 1877 – zwischen Österreich und Rußland geschlossen wurde, welches die Eventualitäten einer orientalischen Krise betraf und welches Österreich für den Fall einer solchen die Besetzung von Bosnien usw. zusicherte. Dann kam der Krieg, und wir waren recht zufrieden, wie das Unwetter sich weiter südlich verzog, als es ursprünglich Neigung hatte. Das Ende des Krieges wurde hier in Berlin durch den Kongreß definitiv herbeigeführt, nachdem es vorbereitet war durch den Frieden von San Stefano. Der Friede von San Stefano war meiner Überzeugung nach nicht viel bedenklicher für die antirussischen Mächte und nicht sehr viel nützlicher für Rußland, als nachher der Kongreßvertrag gewesen ist. Der Friede von San Stefano hat sich ja, kann man sagen, nachher von selber eingefunden, indem das kleine, ich glaube, 800 000 Seelen umfassende Ostrumelien eigenmächtig die Wiederherstellung der – nicht ganz – der alten San Stefano-Grenze auf sich nahm und sich Bulgarien anfügte. Es war also der Schaden, den der Kongreß in den Abmachungen von San Stefano angerichtet hat, nicht so sehr schlimm. Ob diese Abmachungen von San Stefano gerade ein Meisterwerk der Diplomatie waren, das lasse ich dahingestellt sein. Wir hatten damals sehr wenig Neigung, uns in die orientalischen Sachen zu mischen, ebensowenig wie heute. Ich war schwerkrank in Friedrichsruh, als mir von russischer Seite das Verlangen amtlich mitgeteilt wurde, zur definitiven Beilegung des Krieges einen Kongreß der Großmächte nach Berlin einzuberufen. Ich hatte zunächst wenig Neigung dazu, einmal weil ich in der körperlichen Unmöglichkeit war, dann aber auch, weil ich keine Neigung hatte, uns so weit in die Sache zu verwickeln, wie die Rolle des Präsidierens eines Kongresses notwendig mit sich bringt. Wenn ich schließlich dennoch nachgegeben habe, so war es einerseits das deutsche Pflichtgefühl im Interesse des Friedens, namentlich aber das dankbare Andenken, das ich an die Gnade des Kaisers Alexander II. für mich stets bewahrt habe, das mich veranlaßte, diesen Wunsch zu erfüllen. Ich erklärte mich dazu bereit, wenn es uns gelänge, die Einwilligung von England und von Österreich zu beschaffen. Rußland übernahm, die Einwilligung von England zu besorgen, ich nahm auf mich, sie in Wien zu befürworten; es gelang, und der Kongreß kam zustande.

Während des Kongresses, kann ich wohl sagen, habe ich meine Rolle, soweit ich es irgend konnte, ohne Landesinteressen und befreundete Interessen zu verletzen, ungefähr so aufgefaßt, als wenn ich der vierte russische Bevollmächtigte gewesen wäre auf diesem Kongreß; ja, ich kann fast sagen, der dritte; denn den Fürsten Gortschakow kann ich als Bevollmächtigten der damaligen russischen Politik, wie sie durch den wirklichen Vertreter Grafen Schuwalow vertreten war, kaum annehmen. Es ist während der ganzen Kongreßverhandlungen kein russischer Wunsch zu meiner Kenntnis gekommen, den ich nicht befürwortet, ja, den ich nicht durchgesetzt hätte. Ich bin infolge des Vertrauens, das mir der leider verstorbene Lord Beaconsfield schenkte, in den schwierigsten, kritischsten Momenten des Kongresses mitten in der Nacht an dessen Krankenbett erschienen und habe in den Momenten, wo der Kongreß dem Bruch nahe stand, dessen Zustimmung im Bett erreicht; – kurz, ich habe mich auf dem Kongreß so verhalten, daß ich dachte, nachdem er zu Ende war: nun, den höchsten russischen Orden in Brillanten besitze ich längst, sonst müßte ich den jetzt bekommen. Kurz, ich habe das Gefühl gehabt, ein Verdienst für eine fremde Macht mir erworben zu haben, wie es selten einem fremden Minister vergönnt gewesen ist.

Welches mußte also meine Überraschung und meine Enttäuschung sein, wie allmählich eine Art Preßkampagne in Petersburg anfing, durch welche die deutsche Politik angegriffen, ich persönlich in meinen Absichten verdächtigt wurde. Diese Angriffe steigerten sich während des darauffolgenden Jahres bis 1879 zu starken Forderungen eines Druckes, den wir auf Österreich üben sollten in Sachen, wo wir das österreichische Recht nicht ohne weiteres angreifen konnten. Ich konnte dazu meine Hand nicht bieten; denn wenn wir uns Österreich entfremdeten, so gerieten wir, wenn wir nicht ganz isoliert sein wollten in Europa, notwendig in Abhängigkeit von Rußland. Wäre eine solche Abhängigkeit erträglich gewesen? Ich hatte früher geglaubt, sie könnte es sein, indem ich mir sagte: wir haben gar keine streitigen Interessen; es ist gar kein Grund, warum Rußland je die Freundschaft uns kündigen sollte. Ich hatte wenigstens meinen russischen Kollegen, die mir dergleichen auseinandersetzten, nicht geradezu widersprochen. Der Vorgang betreffs des Kongresses enttäuschte mich, der sagte mir, daß selbst ein vollständiges Indienststellen unserer Politik (für gewisse Zeit) in die russische uns nicht davor schützte, gegen unseren Willen und gegen unser Bestreben mit Rußland in Streit zu geraten. Dieser Streit über Instruktionen, die wir an unsere Bevollmächtigten in den Verhandlungen im Süden gegeben oder nicht gegeben hatten, steigerte sich bis zu Drohungen, bis zu vollständigen Kriegsdrohungen von der kompetentesten Seite.

Das ist der Ursprung unseres österreichischen Vertrages. Durch diese Drohungen wurden wir gezwungen, zu der von mir seit Jahrzehnten vermiedenen Option zwischen unseren beiden bisherigen Freunden zu schreiten. Ich habe damals den Vertrag, der vorgestern publiziert worden ist, in Gastein und Wien verhandelt, und er gilt noch heute zwischen uns.

Die Publikation ist in den Zeitungen zum Teil, wie ich gestern und vorgestern gelesen habe, irrtümlich aufgefaßt worden; man hat in derselben ein Ultimatum, eine Warnung, eine Drohung finden wollen. Das konnte um so weniger darin liegen, als der Text des Vertrages dem russischen Kabinett seit langem bekannt war, nicht erst seit dem November vorigen Jahres. Wir haben es der Aufrichtigkeit einem loyalen Monarchen gegenüber, wie der Kaiser von Rußland es ist, entsprechend gefunden, schon früher keinen Zweifel darüber zu lassen, wie die Sachen liegen. Ich halte es auch nicht für möglich, diesen Vertrag nicht geschlossen zu haben; wenn wir ihn nicht geschlossen hätten, so müßten wir ihn heute schließen. Er hat eben die vornehmste Eigenschaft eines internationalen Vertrages, nämlich er ist der Ausdruck beiderseitiger dauernder Interessen, sowohl auf österreichischer Seite wie auf der unserigen. Keine Großmacht kann auf die Dauer in Widerspruch mit den Interessen ihres eigenen Volkes an dem Wortlaut irgendeines Vertrages kleben, sie ist schließlich genötigt, ganz offen zu erklären: die Zeiten haben sich geändert, ich kann das nicht mehr – und muß das vor ihrem Volke und vor dem vertragschließenden Teile nach Möglichkeit rechtfertigen. Aber das eigene Volk ins Verderben zu führen an dem Buchstaben eines unter anderen Umständen unterschriebenen Vertrags, das wird keine Großmacht gutheißen. Das liegt aber in diesen Verträgen in keiner Weise drin. Sie sind eben – nicht nur der Vertrag, den wir mit Österreich geschlossen haben, sondern ähnliche Verträge, die zwischen uns und anderen Regierungen bestehen, namentlich Verabredungen, die wir mit Italien haben – sie sind nur der Ausdruck der Gemeinschaft in den Bestrebungen und in den Gefahren, die die Mächte zu laufen haben. Italien sowohl wie wir sind in der Lage gewesen, das Recht, uns national zu konsolidieren, von Österreich zu erkämpfen. Beide leben jetzt mit Österreich in Frieden und haben mit Österreich das gleiche Bestreben, Gefahren, die sie gemeinsam bedrohen, abzuwehren, den Frieden, der dem einen so teuer ist wie dem anderen, gemeinsam zu schützen, die innere Entwicklung, der sie sich widmen wollen, vor Angriffen geschützt zu sehen. Dieses Bestreben und dabei auch das gegenseitige Vertrauen, daß man die Verträge hält und daß durch die Verträge keiner von dem anderen abhängiger wird, als seine eigenen Interessen es vertragen – das alles macht diese Verträge fest, haltbar und dauerhaft. Wie sehr unser Vertrag mit Österreich der Ausdruck beiderseitigen Interesses ist, das hat sich schon in Nikolsburg und hat sich 1870 gezeigt. Schon bei den Verhandlungen in Nikolsburg waren wir unter dem Eindruck, daß wir Österreich – und ein starkes, aufrechtes Österreich – auf die Dauer doch nicht missen könnten in Europa. 1870, als der Krieg zwischen uns und Frankreich ausbrach, war ja die Versuchung für manches verletzte Gefühl in Österreich außerordentlich naheliegend, diese Gelegenheit zu benutzen, um dem Feind von 1866 gegenüber Revanche zu üben; aber die besonnene und voraussichtige Politik des österreichischen Kabinetts mußte sich fragen: ‚Was ist dann die Folge? In welche Stellung geraten wir, wenn wir jetzt den Franzosen beistehen, um Preußen, respektive

Deutschland zu besiegen?' Was wäre dann die Folge gewesen, wenn Frankreich mit Hilfe Österreichs über uns gesiegt hätte? Österreich hätte bei einer solchen Politik doch kaum einen anderen Zweck haben können, als wiederum seine frühere Stellung in Deutschland einzunehmen, denn das war eigentlich das einzige, was es im Jahre 1866 aufgegeben hat; andere Bedingungen waren nicht, die pekuniären Bedingungen waren ganz unbedeutend. Nun, wie wäre die Lage Österreichs in dem Deutschen Bunde als Präsidialmacht gewesen, wenn es sich sagen mußte, daß es Deutschland das linke Rheinufer im Bunde mit Frankreich genommen, daß es die süddeutschen Staaten wiederum in eine Rheinbundsabhängigkeit von Frankreich gebracht und daß es Preußen unwiderruflich zur Anlehnung an Rußland und zur Abhängigkeit von Rußlands künftiger Politik verurteilt hätte? Eine solche Stellung war für österreichische Politiker, die nicht vollständig von Zorn und Rache verblendet waren, unannehmbar.

Dasselbe ist aber auch bei uns in Deutschland der Fall. Denken Sie sich Österreich von der Bildfläche Europas weg, so sind wir zwischen Rußland und Frankreich auf dem Kontinent mit Italien isoliert, zwischen den beiden stärksten Militärmächten neben Deutschland, wir ununterbrochen zu jeder Zeit einer gegen zwei, mit großer Wahrscheinlichkeit, oder abhängig abwechselnd vom einen oder vom anderen. So kommt es aber nicht. Man kann sich Österreich nicht wegdenken: ein Staat wie Österreich verschwindet nicht, sondern ein Staat wie Österreich wird dadurch, daß man ihn im Stich läßt, wie es in den Villafranca-Feststellungen angenommen wurde, entfremdet und wird geneigt werden, dem die Hand zu bieten, der seinerseits der Gegner eines unzuverlässigen Freundes gewesen ist.

Kurz, wenn wir die Isolierung, die gerade in unserer angreifbaren Lage für Deutschland besonders gefährlich ist, verhüten wollen, so müssen wir einen sicheren Freund haben. Wir haben vermöge der Gleichheit der Interessen, vermöge dieses Vertrages, der Ihnen vorgelegt ist, zwei zuverlässige Freunde, – zuverlässig nicht aus Liebe zueinander; denn die Völker führen wohl aus Haß gegeneinander Krieg;

aber aus Liebe, das ist noch gar nicht dagewesen, daß sich das eine für das andere opfert. Sie führen auch aus Haß nicht immer Krieg. Denn wenn das der Fall wäre, dann müßte Frankreich in ununterbrochenem Kriege nicht nur mit uns, sondern auch mit England und Italien sein; es haßt alle seine Nachbarn. Ich glaube auch, daß der künstlich aufgebauschte Haß gegen uns in Rußland weiter nicht von Dauer sein wird. Mit unseren Bundesgenossen in der Friedensliebe einigen uns nicht nur Stimmungen und Freundschaften, sondern die zwingendsten Interessen des europäischen Gleichgewichts und unserer eigenen Zukunft.

Und deshalb glaube ich: Sie werden die Politik Sr. Majestät des Kaisers, die das publizierte Bündnis abgeschlossen hat, billigen, obschon die Möglichkeit eines Krieges dadurch verstärkt wird.

Gespräch des Fürsten Bismarck mit einem Herausgeber der „Neuen Freien Presse" 1892

„ ... Ich habe mich in Wien sehr wohl gefühlt. Es freut mich besonders, daß man in Österreich mehr Erinnerung hat für jene Tätigkeit, bei welcher es mir vergönnt war, mit Österreich zu gehen und Österreich zu nützen, als für jene Tätigkeit, durch welche ich gezwungen war, gegen Österreich zu gehen. Ich habe eben als Staatsmann meines Landes gehandelt, die Politik meines Landes geführt, das Interesse meines Landes vertreten, und das war doch natürlich und selbstverständlich. Seither ist ein Umschwung eingetreten, das Bündnis wurde geschlossen, welches dem gemeinsamen Interesse dient."

„Eure Durchlaucht, wir betrachten das Vergangene im versöhnlichen Lichte der Geschichte, welche unabänderliche Tatsachen schafft. Aber ich gestehe offen, daß sich die Deutschen in Österreich besonders hart getroffen fühlen, wenn Eure Durchlaucht ... "

Der Fürst fiel mir ins Wort:

„Wenn ich eine Phrase gebrauche, die für antiösterreichisch gilt. Nun sehen Sie, das ist so: Ich habe gewiß nichts gegen Österreich. Man darf mir auch nicht alles in die Schuhe schieben, was die ‚Hamburger Nachrichten' bringen. Dieses Blatt hat zu einer Zeit, wo sich alle Welt von mir zurückgezogen hat, den Mut gefunden, für mich einzutreten und sich mir anzuschließen. Das wäre ja doch undankbar, wenn ich das nicht anerkennen würde. Aber Zeitungen zu schreiben oder zu redigieren, dazu habe ich weder die Zeit, da mich meine Korrespondenzen sehr stark in Anspruch nehmen, noch die Arbeitsfähigkeit, noch bei meinem hohen Alter die Lust. Ich empfange hie und da einen Herrn aus Hamburg, der sich mit mir über Politik unterhält. Das ist aber auch alles. Man darf mir nicht alles in die Schuhe schieben, was in den Zeitungen steht unter der Formel: ‚Wie das Organ des Fürsten Bismarck sagt' oder ‚wie von der Bismarck-Seite gemeldet wird' und was dergleichen mehr ist. Das gilt auch von der ‚Münchener Allgemeinen Zeitung' und von der ‚Westdeutschen Zeitung'. Mein Standpunkt war, daß ich den Handelsvertrag mit Österreich als unseren landwirtschaftlichen Interessen widersprechend gefunden habe. Dies gilt noch viel mehr von dem Vertrage mit der Schweiz, welcher übrigens auch für Sie, für Österreich, nicht besonders günstig ist, und auch von dem italienischen Verträge, für welchen unser Weinbau die größten Opfer zu bringen hat. Beim österreichischen Vertrage beanstandete ich eben die landwirtschaftlichen Konzessionen und die Zugeständnisse für einige Industrieprodukte. Aber einen Vorwurf kann ich Ihren Staatsmännern daraus nicht machen, wenn sie mit Geschicklichkeit die Schwäche und Unzulänglichkeit unserer Unterhändler auszunützen suchten. Da bin ich doch zu lange in der Politik, um dies nicht selbstverständlich zu finden. Ich habe es dem Grafen Kalnoky, den ich besuchte und nicht traf, und mit dem ich hierauf bei einem Gegenbesuche längere Zeit gesprochen hatte, ausdrücklich gesagt, daß ich es für natürlich finde, wenn Österreich die Schwäche und Unzulänglichkeit unserer Unterhändler zu seinem Vorteile benützt hat. Das ist doch Pflicht Ihrer Staatsmänner und Ihrer Regierung. Ich hätte es nicht anders gemacht, und auch die Schweiz hat darin recht. Und wenn ich dagegen unseren Standpunkt verteidigte, so kann man daraus nicht schließen, daß ich eine gegen Österreich gerichtete Gesinnung hätte. Dieses Resultat ist dadurch eingetreten, daß bei uns Männer in den Vordergrund gekommen sind, welche ich früher im Dunkeln hielt, weil eben alles geändert und gewendet werden mußte. Mein Standpunkt war, daß wir nach dem Jahre 1871 alles erreicht hatten, was wir zur Selbständigkeit und zu einer anständigen nationalen Existenz brauchten. Deutschland kann unmöglich die Vermehrung seines Gebietes anstreben, nach keiner Richtung, sei es nun an der französischen, holländischen oder russischen Grenze. Was sollen wir denn auch wünschen? Wir sind gesättigt, und der Zustand Deutschlands erinnert mich an eine Äußerung des Grafen Andrássy, welcher sagte: ‚Das Schiff Ungarn ist so voll, daß ein Pfund mehr, sei es nun Dreck oder Gold, es zum Scheitern bringen könnte.' Wir haben ohnehin nichtdeutsche Elemente genug, und ein Krieg ist keine Kleinigkeit. Ich habe ja selbst Kriege mitgemacht. Der böhmische, der war weniger bedeutend, aber der französische, der war viel mehr. Ich schrecke vor einem notwendigen Krieg nicht zurück und selbst nicht vor einem anständigen Untergang. Aber was soll ein Krieg, der kein Ziel hat und der, wenn uns Gott den Erfolg gibt, gar keinen Gewinn bringt? Sollen wir einen Raubzug nach Rußland unternehmen, um dort Geld zu holen? Das wäre schwer," sagte der Fürst lächelnd, „oder soll Rußland Ähnliches in Deutschland tun? Auch Rußland kann keinen Wunsch haben, sein Gebiet auf unsere Kosten zu vermehren, denn es wird mit den Deutschen in den baltischen Provinzen ohnehin schwer fertig. Deshalb war mein Gedanke, bei der Schaffung des österreichischen Bündnisses gerade im österreichischen Interesse und damit wir die österreichische Politik wirksamer unterstützen und fördern könnten, den Zusammenhang mit Rußland nicht zu verlieren und uns immer die Möglichkeit zu erhalten – mit der russischen Politik in Fühlung zu bleiben. Das liegt ja im österreichischen Interesse. Denn was will Österreich? Österreich will den Frieden, und ich denke, Österreich hat ‚Bosnier' wohl genug. Nicht wahr," wiederholte der Fürst, „Sie haben genug Bosnier und wünschen sich keine Vermehrung?"

"Und haben sich diese Zustände seit der Demission Eurer Durchlaucht geändert?"

Der Fürst antwortete mit einer raschen Wendung des Kopfes sehr energisch: „Ja, ja."

„Wodurch?"

„Dadurch, daß wir keinen Einfluß mehr auf die russische Politik besitzen, daß wir nicht mehr in die Lage kommen, Rußland zu raten. Was kann denn ein Staatsmann tun? Er muß die Kriegsgefahr kommen sehen und sie verhüten. Es ist wie bei der Steeplechase. Man muß wissen, wie das Terrain ist, auf dem man sich bewegt, ob man auf Sumpf oder auf festen Boden kommt, man muß die Erfahrung haben, ob man die Kraft hat, ein Hindernis zu nehmen, und ob der Graben nicht zu breit ist, um über ihn hinwegzusetzen. Nicht wahr, Sie verstehen mein Gleichnis?"

„Gewiß, Durchlaucht; aber durch welche Tatsachen sind die Veränderungen in den Beziehungen zu Rußland nach der Demission Eurer Durchlaucht eingetreten?"

Fürst Bismarck antwortete: „Diese Tatsachen sind das Schwinden des persönlichen Vertrauens und somit des persönlichen Einflusses auf den Kaiser von Rußland. Ich hatte durch das Vertrauen, welches man mir schenkte, Einfluß auf den russischen Botschafter in Berlin. In der letzten Unterredung, die ich mit dem Kaiser von Rußland vor meiner Demission hatte, sagte er mir, nachdem ich ihm meine politischen Anschauungen dargelegt hatte: ‚Ja, Ihnen glaube ich, und in Sie setze ich Vertrauen. Aber sind Sie auch sicher, daß Sie im Amte bleiben?' Ich sah den Kaiser von Rußland erstaunt an und sagte ihm: ‚Gewiß, Majestät, ich bin dessen ganz sicher. Ich werde mein Leben lang Minister bleiben.' Denn ich hatte keine Ahnung davon, daß eine Änderung bevorstehe, während der Zar selbst, wie die Frage zeigt, von der Wandlung, die sich vollziehen sollte, bereits unterrichtet sein mochte. Diese persönliche Autorität und das Vertrauen fehlen bisher meinem Nachfolger, und da denn ein solcher Faktor fehlt, welcher auf die russische Politik Einfluß zu nehmen vermag, erklärt sich die Veränderung, welche seit meiner Demission in der politischen Situation Europas eingetreten ist."

„Und halten Euer Durchlaucht diese Veränderung für eine Verschlimmerung?"

Fürst Bismarck sagte mit großer Entschiedenheit: „Ja, der Draht ist abgerissen, welcher uns mit Rußland verbunden hat. Ich betrachte als das Hauptziel der Politik die Erhaltung des Friedens. Und wohin würde es kommen, wenn wir nach einem glücklichen Kriege mit Rußland zwei Nachbarn hätten, die uns mit ihren Revanchegedanken immer bedrohen würden. Einer vom Westen und einer vom Osten? Der Krieg mit Frankreich mag unausweichlich sein. Es handelt sich da immer darum, daß der Mann sich dort finde, welcher das Pulver in das Wasser" – der Fürst wies dabei auf sein Glas – „schüttet, damit es aufschäumt. Das ist eine Frage, der wir im Laufe der Jahre ausweichen werden. Anders ist es jedoch mit Rußland. Deutschland hat nicht das geringste Interesse daran, einen Krieg mit Rußland zu führen und umgekehrt, zwischen uns liegt nicht der geringste Gegensatz der Interessen, wir haben voneinander nichts zu wünschen und voneinander nichts zu gewinnen. Auch Österreich ist ein friedfertiger Staat, und gerade Österreich könnten wir dienen, wenn der Draht, der uns mit Rußland verband, nicht abgerissen wäre."

„Durchlaucht, hat sich die Lage auch durch politische Tatsachen verschlimmert?"

„Wie gesagt, in erster Reihe durch die Schwächung des deutschen Einflusses auf die russische Politik. Der deutsche Botschafter in Petersburg hat jetzt viel weniger Einfluß als früher. Dazu treten noch andere Umstände, insbesondere die Wandlung in der polnischen Politik Preußens. Man hat einen Polen zum Erzbischof gemacht und ihm eine Stelle gegeben, welche im Interesse der deutschen Politik einem deutschen Katholiken gebührt hatte. Gewiß hat dieser polnische Bischof in Elbing eine staatstreue Rede gehalten, er hat bezüglich der deutschen Nation besser gesprochen, als ein Pole es sonst tut, aber doch wieder den Gegensatz zu Rußland ziemlich deutlich hervorschimmern lassen. Die Politik gegenüber den Polen in Posen hat das Vertrauen, welches unsere Regierung früher in Rußland genossen, geschwächt und unseren Einfluß ebenfalls herabgemindert."

„Und ist angesichts dieser Bedenken, welche Eure Durchlaucht gegen die jetzige deutsche Politik hegen, nicht bei Ihnen das Bedürfnis vorhanden, wieder die Leitung zu übernehmen?"

„Das ist ganz aussichtslos. Ich bin in diesem Jahre nicht in den Reichstag gegangen, nicht weil ich mich körperlich nicht rüstig fühle, im Gegenteil, ich war beinahe ein ganzes Jahr vor meiner Demission nicht in Berlin gewesen, ich habe mich sehr wohl gefühlt, was ich immer daran erkenne, wie es mir mit dem Reiten geht. Ich wäre sehr gut imstande gewesen, kraft meiner schon früher gewonnenen Autorität im gleichen Geleise den Wagen fortzuziehen. Die Politik ist keine Wissenschaft, wohl aber eine Kunst, zu deren Ausübung Erfahrung gehört. Aber jetzt – wer weiß, ob ich in Rußland das alte Vertrauen, welches ich früher genossen, wieder fände, und wer weiß, ob in Österreich? Das letztere glaube ich wohl. Ich bin aber nicht in den Reichstag gegangen, weil ich, wenn ich dort erscheinen würde, die Regierung en visére ouverte angreifen müßte, gewissermaßen als Chef der Opposition. Das würde mich in zahlreiche persönliche Gegensätze bringen. Allerdings habe ich gar keine persönlichen Verpflichtungen mehr gegen die jetzigen Persönlichkeiten und gegen meinen Nachfolger. Alle Brücken sind abgebrochen. Man hat davon gesprochen, mich zum Präsidenten des Staatsrates zu machen. Warum nicht lieber zum Generaladjutanten, da ich doch die Uniform trage? Dann könnte ich die Minister gegen den Kaiser oder den Kaiser gegen die Minister unterstützen, und die Kamarilla wäre fertig. Auf solche Dinge gehe ich nicht ein," – und hier lachte der Fürst herzlich und sagte – "dazu fehlt mir noch die christliche Demut."

„Und haben Eure Durchlaucht, den Plan, in den Reichstag zu gehen, aufgegeben?"

„Gewiß nicht, das hängt von den Umständen ab."

„Und könnte nicht eine äußere Notwendigkeit Sie dazu veranlassen, die politische Bühne wieder zu betreten?"

„Ich glaube nicht. Der Fehler der jetzigen Politik besteht darin, daß der Draht, welcher uns mit Rußland verknüpfte, abgerissen wurde, und ob er wieder anzuknüpfen ist, vermag ich nicht zu sagen. Wenn einmal ein falsches Geleise eingeschlagen ist, dann ist die Lage schwierig. Fortwährend mich auf Nebengeleisen zu bewegen und immer auszuweichen, ist überhaupt nicht meine Sache. Das ist wohl für immer vorüber. Freilich, eine Kritik des heimatlichen Zustandes kann man einem so alten Politiker nicht verwehren. Dieses Recht kann ich mir für die wenigen Jahre meines Lebens nicht nehmen lassen, und ich habe nur unsere Regierung, welche unsere handelspolitische Situation nicht genügend gewahrt hat, getadelt, aber nicht die Ihre, welche von dieser Situation mit Recht Gebrauch machte."

Der Fürst kam dann wieder auf Wien zu sprechen und sagte: „Es klingt ein wenig wie Überhebung, wenn ich von meiner Popularität in Wien spreche, aber ich finde kein anderes Wort, und diese Popularität hat mich sehr gefreut. Ich war nie ein grundsätzlicher Gegner Österreichs, sondern immer nur der Wahrer unserer eigenen Interessen, was man mir als vaterländischen Staatsmann nicht übelnehmen kann. Ich würde am liebsten wie ein einfacher Privatmann durch die Straßen Wiens spazieren gehen, wenn ich nicht" – wie der Fürst lächelnd hinzufügte – "fürchten müßte, daß dann die Polizei wieder Arbeit bekommt. Ich lege den größten Wert darauf, daß meine Dankbarkeit für die Aufnahme in Wien der Bevölkerung bekanntgegeben wird."

20. Juni 1892. Ansprache Bismarcks an eine Abordnung eines Gesangvereins, die ihn begrüßte

Ich danke Ihnen herzlich für die schöne und melodiöse Begrüßung, die aus Freundesherzen kommt und zum Herzen dringt. Wir werden die alte Stammesgenossenschaft immer zu allen Zeiten pflegen. Kommen einmal wieder Irrungen vor, sie werden vorübergehen, und wir werden dann um so fester zusammenhalten. So fasse ich auch unsere Beziehungen auf. Wenn auch als Privatmann hier weilend, freue ich mich doch, eine solche Vertiefung unserer Beziehungen zu finden, und ich hoffe, dieselben werden von Ihnen ebensogut wie von uns mit Erfolg gepflegt werden. Solange wir leben und auf Erden wandeln! von meiner Seite wird es jedenfalls geschehen, ebenso wie zu jener Zeit, als wir die Anknüpfung dieses Verhältnisses als Notwendigkeit erkannt haben. Hoffentlich wird uns Gott die Gnade gewähren, daß unsere Freundschaft dauernd erhalten bleibe. Das walte Gott! Gott schütze unsere Freundschaft!

Auf eine Ansprache eines Mitgliedes des akademischen Gesangvereins erwiderte Fürst Bismarck:

Es ist eine um so höhere Ehre für Sie, daß Sie neben der Wissenschaft auch die Kunst in dem Maße pflegen, wie Sie es gezeigt haben. Gerade die Kunst und die Wissenschaft sind das, was uns Deutsche verschiedener Länder zusammenhält. Wir haben immer eine deutsche Kunst gehabt. Wien hat Großes in der Musik geleistet. Am Himmel seiner Kunst leuchten Sterne wie Mozart und Haydn. Schon damals war die Kunst ein Bindemittel zwischen den Deutschen. Deutsche Musik und deutsche Poesie sind es, welche ein geistiges Band zwischen allen Deutschen bilden, welche alle Gefahren und Kämpfe der Vergangenheit überdauert haben, und auch in Zukunft wird es so bleiben – ein Bindemittel unserer gegenseitigen nationalen und geschichtlichen Beziehungen.

Erwiderung Bismarcks auf den Trinkspruch des Grafen Geza Andrássy am 21. Juni 1892

Ich danke zunächst dem Grafen Geza Andrássy dafür, daß er so taktvoll die politischen wie die persönlichen internationalen Beziehungen in Erinnerung gebracht hat. Ich selbst weiß nur meiner Freude über das Glück meines Sohnes Ausdruck zu geben, und ich möchte mein Glas zuerst erheben auf das Wohl meiner Tochter und auf das Wohl des Grafen und der Gräfin Hoyos und der ganzen gräflichen Familie.

Eine Äußerung des Fürsten Bismarck zu Kapellmeister Drescher:
Ich danke Ihnen für das Vergnügen, das Sie mir bereitet. Ich mache Ihnen mein Kompliment; solche liebliche Musik kann man nur in Wien hören.

Am 18.August 1893 brachte der Barmer Gesangverein"Orpheus" dem Fürsten in Kissingen eine Ovation dar, für die der Gefeierte mit folgenden Worten dankte:
... Und so möchte ich das deutsche Lied als Kriegsverbündeten für die Zukunft nicht unterschätzt wissen, Ihnen aber meinen Dank aussprechen für den Beistand, den die Sänger mir geleistet haben, indem sie den nationalen Gedanken oben erhalten und ihn über die Grenzen des Reiches hinausgetragen haben. Unsre Beziehungen zum verbündeten Österreich, unserm mächtigsten Bundesgenossen, beruhen doch wesentlich auf Unterlagen im kulturellen Gebiete und nicht zum wenigsten auf den musikalischen Beziehungen. Wir wären kaum in gleich enger Verbindung mit Wien geblieben, wenn nicht Haydn, Mozart, Beethoven dort gelebt und ein gemeinsames Band der Kunst zwischen dem Niederrhein und Wien geschaffen hätten ...

Am 17. April 1895 erwiderte Fürst Bismarck auf die Ansprache einer Deputation der deutschen Künstler u. a.:

... Ich habe vorgestern österreichische Vertreter hier gehabt: was bindet uns an die? Es ist Kunst und Wissenschaft. Politisch stehn wir nicht in einer Einheit zusammen, aber es wird doch immer schwer sein, die österreichischen Leser von „Wallenstein" beispielsweise zu überzeugen, daß der Dichter dieser rein österreichischen Tragödie nicht ihnen ebensowohl gehörte wie den Reichsdeutschen. Und so kann ich nur wiederholen: die geistigen Elemente, die halten uns zusammen, auch wenn uns die körperlichen jahrhundertelang getrennt haben. Halten Sie fest daran.

Förster – Bahr

„Ich wurde richtig nach einigen Tagen ins Palais beschieden, und der Fürst dankte mir, wenn auch nicht in Person, so doch durch seinen Rat von Rottenburg, der mich aber recht enttäuschte. Bismarck freue sich, hörte ich von ihm, uns so gut Deutsch gesinnt zu wissen, was wir aber nicht besser beweisen könnten, als wenn wir unsere ganze Kraft einsetzten, Österreich stark zu machen. Deutschland rechne auf uns, es brauche uns, aber in Österreich. Ein mächtiges Österreich sei Deutschland unentbehrlich. Ich war mit blanken Worten wohl bewaffnet gekommen, nun saß ich still und stumm. Der Rat mochte Mitleid mit mir haben, als ich endlich kleinlaut erwiderte, daß uns damit doch ein großes Opfer zugemutet würde. Er sah mich lächelnd an und fragte: „Ob Sie nicht aber alle noch ein viel größeres Opfer bringen müßten, um in das Deutsche Reich aufgenommen zu werden?" Ich verstand gar nicht gleich, was er meinen konnte. Er versicherte mir, wir seien in Deutschland wohl gelitten, und fuhr fort, uns an Begabung und Gesinnung laut zu rühmen. Wir seien Deutsche von einer ganz prächtigen Eigenart, die wir aber doch, um uns in das Deutsche Reich, wie es nun einmal geworden, ohne Störung einzufügen, erheblich abändern müßten. Ob ich mir das eigentlich schon einmal überlegt hätte? Ob wir das überhaupt könnten? Und ob, wenn wir es könnten, nicht doch schade darum wäre.

Welchen Vorteil das deutsche Wesen denn hätte, wenn unsere Spielart daraus verschwände. Wie denn der Verlust unserer österreichischen Eigenheit, die sich an uns im Leben mit anderen Völkern entwickelt hätte und nur durch das Leben mit diesen erhalten werden könnte, dem Deutschtum ersetzt werden sollte? Und indem er mir empfahl, dies einmal mit meinen Freunden zu bedenken und zu beherzigen, entließ er den betretenen Jüngling. Es ging mir lange nach, und allerlei, was ich mir bisher niemals hatte eingestehen wollen, trat jetzt auf einmal ungestüm hervor. Und ich weiß noch, wie mit in meiner schmerzlichen und doch so seligen Verworrenheit damals plötzlich die Stadt einfiel, in der ich aufgewachsen bin, das urdeutsche Salzburg, eine ganz italienische Stadt, in der Gotisches mit Barockem sich so verwachsen, so durchdrungen, so rein eingeschmolzen hat, daß sie durchaus beides auf einmal ist und von keinem mehr lassen könnte, ohne sie selbst und beides (nicht bloß das, wovon sie lassen wollte, sondern damit auch das andere) zu zerreißen, recht ein Symbol Österreichs. In jener Stunde ist in mir aus meinem deutschesten Gefühl durch reinste Selbstbesinnung der Österreicher geboren worden, zum siebzigsten Geburtstag Bismarcks.

Ich weiß nicht, ob sich je ein tschechischer Student einem russischen Bismarck angeboten hat, aber der müßte ihm dasselbe sagen. Auch die Slawen Österreichs sind, wie seine Deutschen, österreichisch getauft, auch aus ihrer Seele kann das österreichische Mal nicht mehr abgelöscht, aus ihrem Blut die geschichtliche Gemeinschaft mit uns nicht mehr vertilgt werden. Und wie das Deutschtum verarmte, ohne die Farbe der österreichischen Deutschen, so kann auch das Slawentum in seinem Antlitz den österreichischen Zug nicht entbehren. Sie sind es ihrer Nation schuldig, wie wir der unseren, Österreicher zu sein. Aus

diesem tiefen Grunde ruht das anerkannte Geheimnis Österreichs: alle seine Nationen brauchen es, damit das Wesen einer jeden erst ganz in Erfüllung gehe."

Zu einer Abordnung aus Graz 7. April 1895

Je stärker der Einfluß der Deutschen in Österreich sein wird, desto sicherer werden die Beziehungen des Deutschen Reiches zu Österreich sein, und deshalb Sie, die Deutschen Österreichs, können es nicht über Ihr Gewissen und Ihr Gefühl bringen, zu treiben zum Kampfe gegen das deutsche Westreich, und ich hoffe, Sie werden es auch zum Teil über ihr Gefühl bringen, den Frieden zwischen dem alten Österreich und dem deutschen Westreich dadurch zu pflegen, daß Sie sich in möglichst engen und einflußreichen Beziehungen zu Ihrer ursprünglich deutschen Dynastie halten. Die Dynastie ist schließlich doch für die auswärtigen Beziehungen eines jeden Reiches, solange sie überhaupt besteht – und daß sie lange und dauernd besteht, wird Ihrer aller Wunsch sein –, aber solange sie besteht, ist sie doch der einflußreichste Faktor in der Wahl der auswärtigen Beziehungen.

Zu den Deutschen Steiermarks 15. April 1895

... Es ist eine eigentümliche Fügung des Schicksals und der göttlichen Vorsehung, daß dieses große gewaltige Gebiet von ganz Zentraleuropa (von der Nordsee bis nach Apulien) sich, nachdem es durch Schicksalsfügungen und viele Kämpfe getrennt und zerrissen war, doch schließlich heutzutage wieder zusammengefunden hat. Unser Dreibund deckt ungefähr die alte anspruchsvolle Kaiserherrschaft der Nachfolger Karls des Großen nach Aussonderung von Gallien, dem heutigen Frankreich; daß in dieser Verbindung ein Beweis von imponderabeln Verbänden und Beziehungen gegeben ist, ist meine Überzeugung ...

Das ganze heutige Österreich beruht auf einer deutschen Beamtenschaft, auf einer deutschen Heeresbildung, und es wird auch kaum anders sein können.

Regierungsführung Deutsches Reich

Deutsches Kaiserreich

Name	Amt	Amtszeit
Fürst Otto von Bismarck (1815–1898)	Reichskanzler	16.04.1871–20.03.1890
Graf Leo von Caprivi (1831–1899)	Reichskanzler	20.03.1890–26.10.1894
Fürst Chlodwig zu Hohenlohe-Schillingsfürst (1819–1901)	Reichskanzler	29.10.1894–17.10.1900
Fürst Bernhard von Bülow (1849–1929)	Reichskanzler	17.10.1900–14.07.1909
Theobald von Bethmann-Hollweg (1865–1921)	Reichskanzler	14.07.1909–13.07.1917
Georg Michaelis (1857–1936)	Reichskanzler	14.07.1917–01.11.1917
Graf Georg von Hertling (1843–1919)	Reichskanzler	01.11.1917–30.09.1918
Prinz Max von Baden (1867–1929)	Reichskanzler	03.10.1918–09.11.1918

Weimarer Republik

Name	Amt	Partei	Amtszeit
Friedrich Ebert (1871–1925)	Reichskanzler	SPD	09.11.1918–10.11.1918
	Vorsitzender des Rates der Volksbeauftragten		10.11.1918–11.02.1919
Hugo Haase (1863–1919)	Vorsitzender des Rates der Volksbeauftragten	USPD	10.11.1918–29.12.1918
Philipp Scheidemann (1865–1939)	Vorsitzender des Rates der Volksbeauftragten	SPD	29.12.1918–07.02.1919
	Reichsministerpräsident		13.02.1919–20.06.1919
Gustav Bauer (1870–1944)	Reichsministerpräsident	SPD	21.06.1919–14.08.1919

Name	Amt	Partei	Amtszeit
Konstantin Fehrenbach (1852–1926)	Reichskanzler	Zentrum	25.06.1920–04.05.1921
Joseph Wirth (1879–1956)	Reichskanzler	Zentrum	10.05.1921–22.10.1921 und 26.10.1921–14.11.1922
Wilhelm Cuno (1876–1933)	Reichskanzler	parteilos	22.11.1922–12.08.1923
Gustav Stresemann (1878–1929)	Reichskanzler	DVP	13.08.1923–03.10.1923
Wilhelm Marx (1963–1946)	Reichskanzler	Zentrum	06.10.1923–30.11.1923
Hans Luther (1879–1962)	Reichskanzler	parteilos	15.01.1925–5.12.1925 und 20.01.1926–12.05.1926
Otto Geßler (1875–1955)	Reichskanzler	DDP	12.05.1926–17.05.1926
Wilhelm Marx (1863–1946)	Reichskanzler	Zentrum	17.05.1926–17.12.1926 und 19.01.1927–12.06.1928
Hermann Müller (1876–1931)	Reichskanzler	SPD	28.06.1928–27.03.1930
Heinrich Brüning (1885–1970)	Reichskanzler	Zentrum	30.03.1930–07.10.1931
Franz von Papen (1879–1969)	Reichskanzler	Zentrum	01.06.1932–17.11.1932
Kurt von Schleicher (1882–1934)	Reichskanzler	parteilos	04.12.1932–28.01.1933

Nationalsozialismus

Name	Amt	Partei	Amtszeit
Adolf Hitler (1889–1945)	Reichskanzler	NSDAP	30.01.1933–31.07.1934
	Führer und Reichskanzler		01.08.1934–30.04.1945
Joseph Goebbels (1897–1945)	Reichskanzler	NSDAP	30.04.1945–01.05.1945
Johann Ludwig Graf Schwerin von Krosigk (1887–1977)	Leiter der Geschäftsführenden Reichsregierung	parteilos	02.05.1945–05.06.1945

In der Reihe *Deutsches Reich – Schriften und Diskurse: Reichskanzler*
ist bereits erschienen:

Bd. I/I
Otto Fürst von Bismarck, der erste Reichskanzler Deutschlands. Ein Lebensbild
Autor: Bernhard Rogge
ISBN (HC): 978-3-86347-036-4
(PB): 978-3-86347-035-7

Bd. I/IV
Otto Fürst von Bismarck. Bismarcks Briefwechsel mit dem Minister Freiherrn von Schleinitz 1858-1861
Autor: Otto von Bismarck
ISBN (HC): 978-3-86347-188-0
(PB): 978-3-86347-189-7

Bd. II/I
Leo Graf von Caprivi. Die Reden des Grafen von Caprivi
Autor: Leo Graf von Caprivi (Hrsg. Rudolf Arndt)
ISBN (HC): 978-3-86347-146-0
(PB): 978-3-86347-147-7

Bd. II/II
Leo Graf von Caprivi. Bismarcks Kampf gegen Caprivi
Autor: Julius von Eckardt
ISBN (HC): 978-3-86347-153-8
(PB): 978-3-86347-154-5

Bd. III/I
Chlodwig Fürst zu Hohenlohe-Schillingsfürst. Zu seinem hundertsten Geburtstag
Autor: Friedrich Curtius
ISBN (HC): 978-3-86347-090-6
(PB): 978-3-86347-089-0

Bd. IV/I
Bernhard von Bülow - Deutsche Politik
Autor: Bernhard von Bülow
ISBN (HC): 978-3-86347-096-8
(PB): 978-3-86347-095-1

In der Reihe *Deutsches Reich – Schriften und Diskurse: Reichskanzler* ist bereits erschienen:

Bd. V/I
Theobald von Bethmann Hollweg - der fünfte Reichskanzler
Autor: Gottlob Egelhaaf
ISBN (HC): 978-3-86347-088-3
(PB): 978-3-86347-087-6

Bd. VI/I
Georg Michaelis - Für Staat und Volk. Eine Lebensgeschichte
Autor: Georg Michaelis
ISBN (HC): 978-3-86347-092-2
(PB): 978-3-86347-091-3

Bd. VII/I
Georg von Hertling - Recht, Staat und Gesellschaft
Autor: Georg von Hertling
ISBN (HC): 978-3-86347-094-4
(PB): 978-3-86347-093-7

Bd. VIII/I
Prinz Max von Baden - Erinnerungen und Dokumente
Autor: Prinz Max von Baden
ISBN (HC): 978-3-86347-086-9
(PB): 978-3-86347-085-2

Bd. VIII/II
Prinz Max von Baden - Die moralische Offensive. Deutschlands Kampf um sein Recht
Autor: Prinz Max von Baden
ISBN (HC): 978-3-86347-084-5
(PB): 978-3-86347-083-8

Bd. I/V
Otto Fürst von Bismarck – Sein Leben und Werk
Autor: Adolf Matthias
ISBN (HC): 978-3-86347-204-7
(PB): 978-3-86347-205-4

In der Reihe *Deutsches Reich – Schriften und Diskurse: Reichskanzler* ist bereits erschienen:

Bd. I/VI
Otto Fürst von Bismarck – Bismarck und Österreich
Autor: Franz Zweybrück
ISBN (HC): 978-3-86347-216-0
    (PB): 978-3-86347-217-7

Bd. VI/II
Georg Michaelis – Weltreisegedanken
Autor: Georg Michaelis
ISBN (HC): 978-3-86347-207-8
    (PB): 978-3-86347-208-5

Bd. IX/II
Philipp Scheidemann – Der Zusammenbruch
Autor: Philipp Scheidemann
ISBN (HC): 978-3-86347-219-1
    (PB): 978-3-86347-220-7

In der Reihe *Deutsches Reich – Schriften und Diskurse: Reichskanzler* **erscheint demnächst:**

Bd. I/VIII
Otto Fürst von Bismarck – Hedwig von Bismarck, die Cousine von Otto von Bismarck. Eine Autobiographie
Autorin: Hedwig von Bismarck
ISBN (HC): 978-3-86347-227-6
    (PB): 978-3-86347-228-3

Bd. I/IX
Otto Fürst von Bismarck – Johanna von Bismarck, die Frau Otto von Bismarcks
Autor: Eduard Heyck
ISBN (HC): 978-3-86347-230-6
    (PB): 978-3-86347-231-3

In der Reihe *Deutsches Reich – Schriften und Diskurse: Reichskanzler* **erscheint demnächst:**

Bd. I/X
Otto Fürst von Bismarck
Autor: Eduard Heyck
ISBN (HC): 978-3-86347-233-7
(PB): 978-3-86347-234-4

Bd. I/XI
Otto Fürst von Bismarck – Zwölf Bismarcks
Autor: Walter Flex
ISBN (HC): 978-3-86347-236-8
(PB): 978-3-86347-237-5

Bd. IX/II
Philipp Scheidemann – Der Zusammenbruch
Autor: Philipp Scheidemann
ISBN (HC): 978-3-86347-219-1
(PB): 978-3-86347-220-7

Jeder Titel der Reihe erscheint im SEVERUS Verlag in zwei Ausgaben:

Hardcover (HC)   Paperback (PB)

www.severus-verlag.de

www.ingramcontent.com/pod-product-compliance
Lightning Source LLC
Chambersburg PA
CBHW020936230426
43666CB00008B/1699